Su iglesia ayudando a las personas a ser como Jesús

DISCIPULADO TRANSFORMADOR

por Barry Sneed & Roy Edgemon

LifeWay Press
Nashville, Tennessee

© Copyright 2000 Lifeway Press
Reservados todos los derechos

ISBN 0633007366
Clasificación decimal Dewey 268
Tema: Crecimiento espiritual

Este libro es el texto para el curso de estudios LS-0218
del plan de estudio de Desarrollo Cristiano

A menos que se indique lo contrario las citas son tomadas de la Santa Biblia versión
Reina-Valera © 1960, propiedad de Sociedades Bíblicas Unidas.
impresa por Brodman & Holman Publishers, Nashville, Tennessee, usada con permiso.
THE MESSAGE. Copyright © de Eugene H. Peterson, 1993, 1994, 1995.
Usado con permiso de NavPress Publishing Group.

Equipo de producción
Editor: Oscar James Fernández
Editores asociados: Pablo Urbay y Norma Antillón
Traductor: Raimundo Ericson
Corrector de estilo: Omar Díaz de Arce
Diseño gráfico: Esteban Pi-Jones
Diseño de la cubierta: Edward Crawford
Corrector de pruebas: Juan Merlos

Este es un libro impreso por encargo por los talleres de la
sección de Artes Gráficas de LifeWay Christian Resources
bajo la dirección técnica de Greg Young.

Impreso en los Estados Unidos de América

LifeWay Press
127 Ninth Avenue North
Nashville, TN 37234-0180
htpp//:WWW.lifeway.com/spanish

Carta a los líderes de iglesia

La transformación espiritual es la obra de Dios de transformar a un creyente en la semejanza de Jesús, al crear una nueva identidad en Cristo y al capacitar para una relación de amor, confianza y obediencia que glorifique a Dios y que dure toda la vida.

El discipulado transformador es lo que sucede en una iglesia cuando sus miembros han experimentado la transformación espiritual. Cada programa, cada ministerio en la vida de la iglesia, debe tener como meta ayudar a que los creyentes sean transformados a la semejanza de Jesús.

Cuando los creyentes llegan a conocer de manera personal a Jesús, el carácter de Él se transmite a todas las actividades de la iglesia, de tal modo que el objetivo llega a ser la transformación espiritual interna, la del carácter, y no un desempeño fundamentado en el activismo. En la actualidad, los miembros de la iglesia tienen mucho conocimiento intelectual acerca de Dios, pero en realidad no lo conocen lo suficientemente bien como para creerle cuando Él les da un mandato en la vida. Muchas de nuestras iglesias están siendo meramente remodeladas a través de programas humanos, en lugar de ser transformadas por Dios.

¿Están usted y su iglesia listos para conocer verdaderamente a Dios, para pasar de un conocimiento intelectual de Dios a una intimidad de corazón a corazón con Él? A través de la relación de amor, confianza, y obediencia que Jesús nos ofreció como modelo, Dios lo llevará a usted y a su iglesia a su destino correcto. Las recompensas resultantes de la transformación espiritual son milagrosas. Una iglesia que hace de su objetivo el discipulado transformador, es una iglesia que hace de Cristo su objetivo. Como creyente, como líder, ¿puede pensar en algún objetivo mejor?

Al final de cada capítulo hay una serie de preguntas y actividades. Le rogamos que no las pase por alto, sino que las lea con detenimiento; que con verdadera voluntad y en un espíritu de oración examine su ministerio y el ministerio de su iglesia mientras lee y responde a las preguntas y completa las actividades. No hay límites para lo que usted y su ministerio pueden llegar a ser cuando rinde su vida a Jesús y permanece constantemente en Él. Estaremos orando por usted al comenzar esta experiencia de transformación.

Barry Sneed   Roy T. Edgemon

Contenido

Carta a los líderes de iglesia 3

Una pregunta importante: ¿Qué quiere Dios que hagamos con nuestras vidas? 5

Un hombre que "lo entendió" 17

El corazón de la transformación espiritual 26

Lo que Dios quiere que su iglesia "entienda" 47

Tiene que ser Jesús: El principio de la relación 59

Yo lo seguiré: El principio del seguimiento 66

Usted tiene el poder: El principio de ser investidos de poder 72

Ésta es su vida: El principio del estilo de vida 81

Honrar el Nombre: El principio de rendir cuentas 86

Saber cuándo ceder: El principio de la flexibilidad 91

Una iglesia que "lo entiende" 104

Discipulado transformador: Transformados a la semejanza a Cristo 108

NOTA:
Quizá quiera adquirir un cuaderno de anotaciones para utilizar junto con este libro de trabajo. Este libro cuenta con renglones en los márgenes y algunas páginas para anotaciones personales al final, pero al examinar su ministerio y el de su iglesia usted necesitará más espacio para anotaciones y planificación. A lo largo de los capítulos y al final de cada uno de ellos hay preguntas y actividades que requieren espacio para anotaciones adicionales. Al iniciar esta experiencia de transformación espiritual considere el uso de una carpeta para guardar este libro de trabajo, su cuaderno de anotaciones, testimonios, y toda la información que usted solicite y reciba de otras personas en su iglesia. Su carpeta de archivos le servirá como un material de referencia cuando su iglesia comience el ministerio de discipulado transformador.

UNA PREGUNTA IMPORTANTE

La pregunta que primero debemos formularnos es la siguiente: ¿Qué quiere Dios que hagamos con nuestras vidas como creyentes?
La respuesta es:

> *"Así que, hermanos, os ruego por las misericordias de Dios, que presentéis vuestros cuerpos en sacrificio vivo, santo, agradable a Dios, que es vuestro culto racional. No os conforméis a este siglo, sino transformaos por medio de la renovación de vuestro entendimiento, para que comprobéis cuál sea la buena voluntad de Dios, agradable y perfecta" (Ro 12.1-2).*

Eso quiere decir—y no pongamos excusas—que el anterior estilo de vida tiene que desaparecer...

> *"En cuanto a la pasada manera de vivir, despojaos del viejo hombre, que está viciado conforme a los deseos engañosos, y renovaos en el espíritu de vuestra mente, y vestíos del nuevo hombre, creado según Dios en la justicia y santidad de la verdad" (Ef 4.22-24).*

¿Qué significa esto para los creyentes de hoy día? Si tuviéramos que responder con una sola palabra, ésta sería: *permanecer*. La transformación espiritual se describe con singular belleza en las palabras de Jesús en Juan 15, donde usa 10 veces el término permanecer. Para entender esta palabra, necesitamos entender la ilustración de Jesús con respecto a la vid.

Jesús dice que Él es la vid verdadera. La palabra *verdadera* se refiere a la vid "genuina", "real". En el Antiguo Testamento se describe a Israel como la viña que decepcionó a Dios. Oseas describió a Israel como una viña sin fruto (Os 10.1). Isaías describió la inversión que Dios hizo en Israel como el caso de un agricultor que invirtió en una viña; pero cuando vino el fruto, eran uvas silvestres y amargas (Is 5.1-7). En Jeremías, Dios le dijo a la nación de Israel: "Te planté de vid escogida, simiente verdadera toda ella; ¿cómo, pues, te me has vuelto sarmiento de vid extraña?" (Jer 2.21).

Israel quedó tan impresionado con esta imagen de ser la viña de Dios que la escultura colocada sobre la puerta del templo era la de una vid labrada en oro. Jesús declara al mundo en Juan 15 que Él es la vid verdadera de Dios. Usando el lenguaje del labrador, Jesús describe una unión viva entre Él y sus discípulos. Así como Jesús estaba unido al Padre, sus discípulos

> **Cuando permanecemos en Cristo, somos transformados espiritualmente a su semejanza.**

deben estar unidos a Él en una comunión viva. Jesús dice que hay ramas o pámpanos que llevan fruto y otras que no. Los discípulos que profesan públicamente su fe pero que no la practican o que no hablan por medio de sus obras son ramas sin fruto.

Jesús describe a Dios como el labrador. La relación de Jesús con el Padre es la base de la relación entre Jesús y sus discípulos. Es el Labrador Divino el que cuida de la viña, la cultiva, y está atento al fruto. El Labrador Divino la planta, la poda ("limpia"), y es quien recibirá la gloria de ella.

Jesús nos enseña a vivir en su Espíritu personal, que en una oportunidad Él describió como: *"No puede el Hijo hacer nada por sí mismo" (Jn 5.19)*. Jesús vivió en total dependencia del Padre: *"Al que oye mis palabras, y no las guarda, yo no le juzgo; porque no he venido a juzgar al mundo, sino a salvar al mundo. El que me rechaza, y no recibe mis palabras, tiene quien le juzgue; la palabra que he hablado, ella le juzgará en el día postrero. Porque yo no he hablado por mi propia cuenta; el Padre que me envió, él me dio mandamiento de lo que he de decir, y de lo que he de hablar. Y sé que su mandamiento es vida eterna. Así pues, lo que yo hablo, lo hablo como el Padre me lo ha dicho"* (Jn 12.47-50). Jesús dejó bien claro que sus palabras llevaban el peso de la autoridad final del Padre. Jesús habló y vivió con perfecta autoridad, porque Dios mismo estaba dirigiendo cada palabra que Él hablaba y cada acción que llevaba a cabo.

Dios cuidó de Jesús a fin de desarrollar, por medio de su dirección personal, el genuino fruto a través del cual los seres humanos glorificarían a Dios con sus vidas y acciones. Su objetivo era nada menos que el de transformar espiritualmente a la raza humana para que llegara a ser como Jesús. La naturaleza de Dios, al habitar en los seres humanos, posee las virtudes del carácter individual adecuadas para todas las necesidades de todos los tiempos y de todas las edades.

Cuando Dios, como el Labrador, encuentra ramas que están imbuidas de una voluntad independiente y metas contradictorias que les impiden llevar a cabo sus propósitos naturales, hace suya la tarea de limpiar, regar, podar, y amar a esas ramas hasta que cumplan con el propósito divino de llevar gloria a Dios. El Padre cuida de la rama como si tuviera la vida del cielo. Como es la extensión de su propio Hijo, Dios cuida de la rama con todo el amor que tiene para su Hijo unigénito. El amor entre el Padre y el Hijo alimenta las ramas.

Jesús nos enseña a orar: *"Padre nuestro que estás en los cielos"* (Mt 6.9). En su notable oración sacerdotal en Juan 17.20-21, Jesús dijo: *Mas no ruego solamente por éstos, sino también por los que han de creer en mí por la palabra de ellos, para que todos sean uno; como tú, oh Padre, en mí, y yo en ti, que también ellos sean uno en nosotros; para que el mundo crea que tú me enviaste"*. Después de su resurrección Jesús le dijo a María: *"No me toques, porque aún no he subido a mi Padre; mas ve a mis hermanos, y diles: Subo a mi Padre y a vuestro Padre, a mi Dios y a vuestro Dios"* (Jn 20.17). La mano que toca la vid para podar y cultivar es la mano que se mueve con el propósito que hay en el corazón del Padre.

La única gloria de la vid, entonces, es llevar fruto; de manera que Dios hace del fruto la comprobación. No la hoja, el color, el vigor, o el desarrollo general—sino el fruto, es la gloria de la vid. La comprobación de Dios no es la profesión, no son los privilegios, ni el poder aparente, sino el fruto del espíritu en vida y poder. El fruto es la evidencia de que Jesús habita, permanece, en el alma. Jesús dijo: *"Por sus frutos los conoceréis"* (Mt 7.16). La rama que está en Cristo tiene todo lo que es necesario para ser fructífera; y si no lleva fruto, el poder sobrenatural está dormido y la rama queda en un estado moribundo que lleva a que sea cortada.

La poda de la vid
Jesús dijo que su Padre limpiaría las ramas que llevan fruto. Una vid bien cuidada crece tan rápido que necesita ser podada, para dedicar toda su energía a la producción de fruto y no simplemente para crecer y generar ramas improductivas. Si a la rama se le permitiera crecer sin control, muchas de las flores nunca se transformarían en fruto. Formarían zarcillos en lugar de racimos; el labrador corta el exceso de rama para permitir que la savia alimente a los racimos y produzca fruto. Durante todo el verano la tijera de podar funciona para que el fruto se mantenga en crecimiento, e impedir cualquier desperdicio de energía.

Dios usa sus palabras y la tijera para limpiar las vidas de los creyentes. El estudio de las enseñanzas de Jesús nos guía a conocer lo que debe ser cortado de nuestras vidas. Las convicciones llegan inmediatamente a la vida del creyente en el momento de su conversión. Dios corta mucho de nuestra antigua manera de hablar, podándonos para hablar santamente. Dios nos convence de nuestros hurtos y deshonestidad. A través de su Palabra continúa limpiando nuestras vidas a fin de que seamos más y más como Jesús. Los verdaderos cristianos somos purificados por Dios a fin de que seamos más útiles. Él quita todo lo que impide nuestra utilidad. Él nos hace más y más puros en nuestras motivaciones y nuestra vida. Dios quita todos los ídolos populares en nuestras vidas. Él saca objetos que atan nuestros afectos y nos desactivan. Al quitarnos las muletas dependemos más y más de Él, y vivimos más para honrar a Dios y llevar más fruto de Él, a partir de la humilde obediencia y la verdadera fidelidad. Dios nos hace limpios—no perfectos—pero estamos en el proceso de ser purificados por sus enseñanzas.

La fe que permanece

Una vez que entendemos que el Padre es nuestro Labrador, y la manera en que Él se relaciona con Jesús, podemos comprender lo que significa permanecer en Jesús, quien dice: *"Permaneced en mí, y yo en vosotros. Como el pámpano no puede llevar fruto por sí mismo, si no permanece en la vid, así tampoco vosotros, si no permanecéis en mí"(Jn 15.4)*. La rama, o sea el sarmiento, o el pámpano, no tiene otra responsabilidad más que la de recibir todo su alimento de la viña a través de la savia que viene desde sus raíces. Si estuviéramos dispuestos a reconocer eso a través del Espíritu Santo, entonces nuestra relación con Jesús sería lo más importante en nuestras vidas. Nunca nos cansaríamos en la obra de Dios si estuviéramos concentrados únicamente en nuestra relación con Jesús.

Según parece, *permanecer* era una de las palabras favoritas de Jesús. Él usó diferentes variantes de la palabra griega *menö*, que significa "quedarse, estar firme, permanecer donde uno está, no moverse, o permanecer como antes". En la forma en que se usa en Juan 15, significa habitar siempre con Jesús, estar continuamente funcionando con Jesús, bajo su influencia y energía; estar afianzado en Él y unido a Él a través del Espíritu Santo. Thayer cita a Ruckert: "Algo se estableció de manera permanente en mi alma, y ejerce siempre su poder en mí".[1] Permanecer tiene la idea de la continuidad en una posición, sosteniendo y manteniendo una comunión y compañerismo ininterrumpidos con Jesús. El Cristiano debe tener una dependencia absoluta e inalterable en Jesús. Él dijo que ésta es la manera en que nuestra vida da fruto, y sin esta unión continua no hay fruto. *"Porque separados de mí nada podéis hacer"* (Juan 15.5). Andrés Murray dice: "Si soy algo, entonces Dios no es todo; pero cuando yo llego a ser nada, Dios puede ser todo, y el Dios eterno en Cristo puede revelarse plenamente".[2] Permanecer es el acto continuo a través del cual el cristiano deja de lado aquello que pudiera tomar de su propia sabiduría, fuerzas, y bien, para desear todo únicamente de Cristo.

El secreto de la vida de Jesús era su constante unión con el Padre. Marcos escribe: *"Levantándose muy de mañana, siendo aún muy oscuro, salió y se fue a un lugar desierto, y allí oraba"* (Mr 1.35). *"Subió al monte a orar aparte; y cuando llegó la noche, estaba allí solo"* (Mt 14.23). *"Volvió a retirarse al monte él solo"* (Jn 6.15). Estos versículos ilustran que Jesús permanecía en Dios. Debemos seguir el ejemplo de Jesús. Sin esa constante unión con Dios nada podemos hacer.

En Juan 14.16-17, Jesús prometió: *"Y yo rogaré al Padre, y os dará otro Consolador, para que esté con vosotros para siempre: el Espíritu de verdad, al cual el mundo no puede recibir, porque no le ve, ni le conoce; pero vosotros le conocéis, porque mora con vosotros, y estará en vosotros".* Dios hizo una maravillosa provisión para que nosotros permaneciésemos en Él. Tenemos al Espíritu Santo viviendo en nosotros, y a su Palabra, la Biblia, para guiarnos a toda verdad. Es fundamental que tengamos a la vez la Palabra de Verdad y la unión continua con el Espíritu de Verdad. Siempre existe el peligro de la ortodoxia muerta sin el poder del Espíritu Santo habitando en nosotros. En un árbol, una rama muerta no siempre estuvo muerta. Fue producida por la fuerza de vida del árbol. Murió cuando la savia del árbol ya no fluyó a través de ella.

Discípulos que llevan fruto
El propósito de Dios al permanecer en nosotros es que produzcamos fruto. Observemos la frecuencia con que Jesús usa el término *fruto* en Juan 15. *"Todo pámpano que en mí no lleva fruto, lo quitará; y todo aquel que lleva fruto, lo limpiará, para que lleve más fruto (v.2). Como el pámpano no puede llevar fruto por sí mismo, si no permanece en la vid, así tampoco vosotros, si no permanecéis en mí (v 4). El que permanece en mí, y yo en él, éste lleva mucho fruto (v 5). En esto es glorificado mi Padre, en que llevéis mucho fruto, y seáis así mis discípulos (v 8). No me elegisteis vosotros a mí, sino que yo os elegí a vosotros, y os he puesto para que vayáis y llevéis fruto, y vuestro fruto permanezca; para que todo lo que pidiereis al Padre en mi nombre, él os lo dé"* (v 16).

¿Cuál es el fruto que Jesús quiere que el cristiano produzca? Oigamos lo que Él mismo dice en Lucas 19.10, *"Porque el Hijo del Hombre vino a buscar y a salvar lo que se había perdido."* Jesús dijo esto después de haber indicado a Zaqueo que bajara del árbol y de haber estado en su casa. Zaqueo se arrepintió de sus pecados e hizo restitución, y Jesús dijo: *"Hoy ha venido la salvación a esta casa; por cuanto él también es hijo de Abraham"* (Lc 19.9).

Jesús edificó su iglesia sobre la confesión de Pedro de que Jesús es el Cristo (Mt 16.13-20). El creyente debe llevar el mensaje del evangelio a todo el mundo antes que Cristo regrese. *"Y será predicado este evangelio del reino en todo el mundo, para testimonio a todas las naciones; y entonces vendrá el fin"* (Mt 24.14). El fruto que Jesús espera de los cristianos es la conversión de la gente al evangelio. Es la incorporación de almas al reino de Dios. La demanda de fruto es una expresión del amor de Dios por la humanidad, en la revelación de la amorosa compasión del Salvador por aquellos que están perdidos en pecados y tinieblas. El fruto que Dios espera es el resultado de cada creyente contándole a su mundo del amor y la compasión de Dios.

Si permanecemos en Cristo, compartir nuestra fe con otros es tan natural como respirar. Contaremos la historia de Aquél a quien amamos más que ninguna otra cosa en nuestras vidas. Nuestras vidas estarán llenas de testimonios de su constante acción en y alrededor de nuestro diario vivir.

El segundo fruto del cristiano es ver al mundo atraído al amor de Dios cuando las personas pueden ver a Jesús en las vidas de los creyentes. En Mateo 7.15-20, Jesús enseñó cómo reconocer a los falsos profetas y maestros a través de su fruto. *"Guardaos de los falsos profetas, que vienen a vosotros con vestidos de ovejas, pero por dentro son lobos rapaces. Por sus frutos los conoceréis. ¿Acaso se recogen uvas de los espinos, o higos de los abrojos? Así, todo buen árbol da buenos frutos, pero el árbol malo da frutos malos. No puede el buen árbol dar malos frutos, ni el árbol malo dar frutos buenos. Todo árbol que no da buen fruto, es cortado y echado en el fuego. Así que, por sus frutos los conoceréis"*. Jesús usa la misma ilustración en Mateo 12.33. Lucas amplía la parábola en Lucas 6.45: *"El hombre bueno, del buen tesoro de su corazón saca lo bueno; y el hombre malo, del mal tesoro de su corazón saca lo malo; porque de la abundancia del corazón habla la boca"*. El apóstol Pablo reúne todas estas enseñanzas en Gálatas 5.22-23: *"Mas el fruto del Espíritu es amor, gozo, paz, paciencia, benignidad, bondad, fe, mansedumbre, templanza; contra tales cosas no hay ley"*. En conjunto estas nueve gracias del carácter cristiano forman el fruto del Espíritu, único e indivisible. Cuando el Espíritu Santo puede obrar libremente en nuestras vidas, no produce una gracia sin la otra. Esto se llama semejanza a Cristo o santidad. El fruto de Dios en nosotros es general en su carácter, sobrenatural en su origen, progresivo en su crecimiento, y natural en su desarrollo. Pablo escribió en Filipenses 1.11 que los creyentes debíamos ser *"llenos de frutos de justicia que son por medio de Jesucristo, para gloria y alabanza de Dios"*.

Pablo oró por los creyentes en Colosas, pidiendo que fueran llenos del conocimiento de la voluntad de Dios en toda sabiduría e inteligencia espiritual, para que anduvieran como es digno del Señor, agradándole en todo, llevando fruto en toda buena obra, y creciendo en el conocimiento de Dios (ver Col 1.9-10). El evangelismo y el carácter son, en consecuencia, los frutos del Espíritu. Juan Bunyan escribió: "Si yo fuese sin fruto, carecería de importancia quién me alabara; si llevara fruto, no me importaría quién me condenara".[3]

Cuando una persona lleva el fruto de Jesús, el Padre es glorificado.

Cuando el cristiano abunda en buenas obras el Señor recibe honra, la iglesia recibe poder, y la persona es bendecida. Los frutos muestran el poder del evangelio sobre el mal y el poder para restaurar al cristiano a la imagen divina de Jesús. Pablo describió la vida llena de fruto en Filipenses 4.7: *"Y la paz de Dios, que sobrepasa todo entendimiento, guardará vuestros corazones y vuestros pensamientos en Cristo Jesús. Por lo demás, hermanos, todo lo que es verdadero, todo lo honesto, todo lo justo, todo lo puro, todo lo amable, todo lo que es de buen nombre; si hay virtud alguna, si algo digno de alabanza, en esto pensad".* Pensar en estos planos altos y sublimes traen honra al Dios que nos rescató de los basureros de este mundo, que corrompían nuestra mente. Cuando nuestras vidas reflejan a Jesús, Dios recibe honra. Nuestra mente—al igual que nuestro corazón—está ahora llena de Jesús—estamos siendo transformados espiritualmente a su semejanza.

Los resultados de permanecer

Permanecer en Jesús nos da confianza en la oración. Dos veces en Juan 15.7,16, Jesús dice que si permanecemos en Él tenemos poder en la oración. Jesús nos enseña que las horas en que permanecemos despiertos deben ser una experiencia continua de comunión con Él. Para que esto sea así, necesitamos organizar nuestras vidas, oraciones, y silencio, de manera tal que Jesús esté conscientemente presente en el transcurso de todo el día. Henry Ward Beecher dijo: "Permite que el día tenga un bendecido bautismo al entregar tus primeros pensamientos en pie a Dios. La primera hora de la mañana es el timón del día"[4] G. Campbell Morgan traduce de esta manera el versículo 7: "Si permanecéis en mí y mis palabras permanecen en vosotros pediréis, como debéis, todo lo que esté en vuestro corazón, y os será generado". [5] Estas son las palabras más fuertes en la Biblia con respecto a la oración. Si permanecemos en Jesús y en su palabra, nunca habremos de pedir algo que no esté en armonía con su voluntad. En este estado de "permanencia", Dios está dispuesto a enviar poder generado o poder creativo para suplir nuestro pedido. Los milagros provienen de esta clase de oración. En los versículos 9-17 Jesús nos dice que hemos sido elegidos por Él y que Él nos ha ordenado llevar fruto, y que el fruto que llevamos es eterno (v 16). Observemos los cuatro llamados que Jesús hace en este pasaje.

• *Jesús nos llama al amor.* Así como Jesús vino a nosotros con el llamado del amor de Dios, nosotros debemos llevar ese llamado al mundo. Debemos amarnos unos a otros como el Padre ama al Hijo y el Hijo nos ama a nosotros. Debemos continuar en este amor y nunca permitir que se enfríe. En Apocalipsis 2.4, Jesús escribe a la iglesia de Éfeso: *"Pero tengo contra ti, que has dejado tu primer amor".* Debemos mantener el amor por Dios permanentemente encendido en nuestro corazón y nunca permitir que el fuego se apague. Pablo exhortó al joven Timoteo a que avivara el fuego del don de Dios que estaba en él (ver 2 Ti 1.6). Demostramos nuestro amor por Jesús al amarnos unos a otros. Escuchemos lo que dijo Jesús acerca de nuestro amor aquella noche antes que fuera muerto en la cruz:

"*Un mandamiento nuevo os doy: Que os améis unos a otros; como yo os he amado, que también os améis unos a otros. En esto conocerán todos que sois mis discípulos, si tuviereis amor los unos con los otros*" (Jn 13.34-35). "*Si me amáis, guardad mis mandamientos*" (Jn 14.15). "*El que tiene mis mandamientos, y los guarda... yo le amaré, y me manifestaré a él*" (Jn 14.21). "*El que me ama, mi palabra guardará; y mi Padre le amará, y vendremos a él, y haremos morada con él. El que no me ama, no guarda mis palabras; y la palabra que habéis oído no es mía, sino del Padre que me envió*" (Jn 14.23-24). "*Mas para que el mundo conozca que amo al Padre, y como el Padre me mandó, así hago*" (Jn 14.31). "*Como el Padre me ha amado, así también yo os he amado; permaneced en mi amor. Si guardareis mis mandamientos, permaneceréis en mi amor; así como yo he guardado los mandamientos de mi Padre, y permanezco en su amor*" (Jn 15.9-10). "*Este es mi mandamiento: Que os améis unos a otros, como yo os he amado. Nadie tiene mayor amor que este, que uno ponga su vida por sus amigos. Vosotros sois mis amigos, si hacéis lo que yo os mando*" (Jn 15.12-14). "*Esto os mando: Que os améis unos a otros*" (Jn 15.17).

Demostramos nuestro amor a Dios viviendo en sus palabras y obedeciéndolas, y amándonos unos a otros. Juan, el discípulo amado, dice: "*Y nosotros hemos conocido y creído el amor que Dios tiene para con nosotros. Dios es amor; y el que permanece en amor, permanece en Dios, y Dios en él. En esto se ha perfeccionado el amor en nosotros, para que tengamos confianza en el día del juicio; pues como él es, así somos nosotros en este mundo. En el amor no hay temor, sino que el perfecto amor echa fuera el temor; porque el temor lleva en sí castigo. De donde el que teme, no ha sido perfeccionado en el amor. Nosotros le amamos a él, porque él nos amó primero. Si alguno dice: Yo amo a Dios, y aborrece a su hermano, es mentiroso. Pues el que no ama a su hermano a quien ha visto, ¿cómo puede amar a Dios a quien no ha visto? Y nosotros tenemos este mandamiento de él: El que ama a Dios, ame también a su hermano*" (1 Jn 4.16-21).

• **Jesús nos llama al gozo.** Jesús dijo: "*Estas cosas os he hablado, para que mi gozo esté en vosotros, y vuestro gozo sea cumplido*" (Jn 15.11). Esta es la primera vez en su ministerio que Jesús se refiere a su gozo. Sin embargo esta es la noche en que experimentará una tristeza insondable.

Oigamos lo que en tan sólo un momento habrá de expresar en el huerto. "*Mi alma está muy triste, hasta la muerte*" (Mt 26.38). "*Y estando en agonía, oraba más intensamente; y era su sudor como grandes gotas de sangre que caían hasta la tierra*" (Lc 22.44). El autor de la carta a los Hebreos dice acerca de esa última noche: "*Puestos los ojos en Jesús, el autor y consumador de la fe, el cual por el gozo puesto delante de él sufrió la cruz, menospreciando el oprobio, y se sentó a la diestra del trono de Dios*" (He 12.2).

La segunda vez que Jesús habló de su gozo fue la misma noche de su gran oración en Juan 17.13, *"Pero ahora voy a ti; y hablo esto en el mundo, para que tengan mi gozo cumplido en sí mismos"*. El gozo de Jesús se debía a que había cumplido el plan de Dios durante 33 años. Había vivido sin pecado, y ahora estaba listo para ser levantado como la ofrenda perfecta por el pecado, ofrecida a Dios por los pecados de toda la humanidad. "El gozo es el fruto de una correcta relación con Dios. No es algo que las personas pueden crear a partir de sus propios esfuerzos". [6] Jesús tiene no solamente el gozo de su propósito, que está casi totalmente cumplido, sino el gozo de esos once discípulos que llevarán su mensaje al mundo. En la segunda parte del versículo 13 se refiere al gozo del discípulo como completo, o cumplido. Cuando comenzamos nuestro viaje con Jesús habrá momentos de gozo apasionado y hermoso, pero los términos en que está expresado aquí implican que el gozo será más firme y estable a medida que crezcamos hacia la madurez espiritual. La afirmación con respecto a que cuanto más servimos y amamos a Jesús más dulce es Él, es cierta.

A.B. Bruce dice: "El gozo, en el sentido más elevado, es uno de los frutos maduros del Espíritu Santo, la recompensa por la perseverancia y fidelidad". [7] Si no crecemos y si nuestras vidas son sin fruto, no tendremos gozo sino penas e infelicidad. No oiremos al Maestro decir: *"Entra en el gozo de tu señor"* (Mt 25.23).

• **Jesús nos llama a la amistad.** *"Nadie tiene mayor amor que este, que uno ponga su vida por sus amigos. Vosotros sois mis amigos, si hacéis lo que yo os mando. Ya no os llamaré siervos, porque el siervo no sabe lo que hace su señor; pero os he llamado amigos, porque todas las cosas que oí de mi Padre, os las he dado a conocer"* (Jn 15.13-15). Hasta este momento, Jesús había llamado a sus discípulos siervos o *douloi*. Este es un título honorífico. Moisés había sido llamado el *doulos* de Dios o el siervo de Dios en Deuteronomio 34.5. Josué fue llamado el *doulos* de Dios en Josué 24.29. David fue el *doulos* de Dios en Salmos 89.20. Pablo usó el título de *doulos* en Tito 1.1. Este título se usa para describir a la lista de honor de los más destacados de Dios. En el Antiguo Testamento Abraham fue el amigo de Dios (ver Is 41.8, 2 Cr 20.7).

En Mateo 11.19, Jesús es llamado amigo de los pecadores. En el pasaje de nuestro estudio, Juan 15.13-15, Él llama amigos a los discípulos, al igual que en Lucas 12.4: *"Mas os digo, amigos míos: No temáis a los que matan el cuerpo, y después nada más pueden hacer"*. ¡Qué privilegio ser amigos de Jesús! Somos sus amigos porque guardamos sus enseñanzas. Él nos ha dicho todo lo que necesitamos saber acerca del reino de Dios. Somos sus colaboradores y Él nos ha compartido lo que hay en su corazón y en su mente. Conocemos sus planes y su propósito en el mundo. Trabajamos con él como coherederos del cielo.

Pablo lo expresa bien en Romanos 8.15-17: *"Pues no habéis recibido el espíritu de esclavitud para estar otra vez en temor, sino que habéis recibido el espíritu de adopción, por el cual clamamos: ¡Abba, Padre! El Espíritu mismo da testimonio a nuestro espíritu, de que somos hijos de Dios. Y si hijos, también herederos; herederos de Dios y coherederos con Cristo, si es que padecemos juntamente con él, para que juntamente con él seamos glorificados"*. Si usted permanece en Jesús, goza de una amistad especial y cada vez mayor con el Rey de reyes.

• **Jesús nos ha puesto para su servicio.** *"No me elegisteis vosotros a mí, sino que yo os elegí a vosotros, y os he puesto para que vayáis y llevéis fruto, y vuestro fruto permanezca; para que todo lo que pidiereis al Padre en mi nombre, él os lo dé"* (Jn 15.16). Jesús no escribió un libro con instrucciones detalladas acerca de la manera de edificar el reino de Dios. Hasta donde sabemos, Jesús nunca escribió una carta siquiera. En cambio, separó cuidadosamente a un grupo de hombres elegidos uno por uno, y escribió en los corazones de ellos su plan para el reino de Dios. Ellos se convirtieron en libros vivientes, libros en los cuales Él había impreso su amor y su mensaje. Jesús quiso que el mundo pudiera ver, tocar, y sentir su mensaje—no sólo leerlo. Más tarde, sus discípulos, bajo el poder del Espíritu Santo, dejaron escrito su mensaje, pero Jesús siempre permitió que personas fuesen su mensaje vivo. Jesús siempre quiso que lo conociéramos de corazón.

Dios diseñó su método de salvación. Fue exclusivamente Él quien inició la salvación, e invita a las personas a seguirlo. La palabra traducida como *eligió* es el término griego *exelexaste*, que significa "seleccionar de entre un número posible de opciones totalmente libres de cualquier factor o circunstancia determinante". Literalmente, la palabra significa "elegir uno algo por sí solo". Los elegidos tienen la oportunidad de aceptar su disponibilidad para el servicio. Esta es la doctrina de la elección, que es el plan de Dios de traer salvación a su pueblo y a este mundo. La Biblia usa palabras tales como *elegir, predestinar, salvar, poner, ordenar, y llamar*, para señalar que Dios ya estableció una relación especial con personas y con grupos a través de los cuales Él decidió cumplir su propósito dentro de la historia de la salvación. La providencia de Dios le permite guiar la historia humana para dar cumplimiento a sus propósitos, aun cuando permite la libertad y el pecado humanos. La elección afirma que Dios participa personalmente en nuestra historia. La presencia personal de Dios lleva a cabo su voluntad salvadora. Es el Dios creador quien lo llama a usted a permanecer en Él y quien lo ha elegido para ir a este mundo y llevar fruto. Como pueblo elegido de Dios, representamos la presencia física de Dios en el mundo, mientras nos esforzamos por llevar a cabo el ministerio de Dios de llamar a un mundo perdido para que venga a Él.

Cristo nos eligió para ser sus discípulos y llevar fruto para Él a través de vidas obedientes, y guiar a otros para que lo conozcan. Esta clase de fruto permanece para toda la eternidad. Al llevar este tipo de fruto, nunca debemos perder de vista cuán importante es amarnos los unos a los otros. El apóstol Juan nos recuerda una vez más: "*Dios es amor; y el que permanece en amor, permanece en Dios, y Dios en él*" (1 Jn 4.16). ¿Qué quiere Dios que hagamos con nuestras vidas? Permanecer en Jesús, de la misma manera que Jesús permanece en el Padre. Al permanecer en Él, somos transformados espiritualmente en semejanza a Él.

HÁGALO ALGO PERSONAL ⇨ *Cómo se aplica esto a usted y su iglesia...*
Debido a que usted nunca puede guiar a otra persona más allá de donde usted mismo se encuentra, no debe permitir que cosa alguna interfiera con su relación de permanencia con Jesús. Describa la manera en la cual usted está unido a Jesús en una comunión viva. ¿Está usted llevando fruto? ¿Está su ministerio produciendo fruto?

Señale las veces en su vida en que Dios le podó. ¿Resultó usted más útil y obediente a Dios después de la poda?

¿Qué puede hacer usted, como líder de la iglesia, para demostrar más claramente a los demás que tiene una relación de permanencia con Jesús?

PÓNGASE EN MARCHA ⇨ *Sugerencias para un discipulado "proactivo"...*
1. Utilizando nuestra descripción de "permanecer en Cristo" (p.8) como guía, desarrolle un estudio bíblico basado en la palabra clave *permanecer*. Use este estudio para ayudar a quienes usted lidera, para que entiendan mejor la importancia fundamental de una vida centrada en Cristo y el papel crucial que ésta desempeña en la transformación espiritual.

2. Vuelva a leer todos los días y durante 2-3 semanas los pasajes bíblicos mencionados en este capítulo. Medite y estudie los términos *permanecer, vid, pámpanos, fruto*. Pida a otras personas que estudien estos pasajes y que compartan lo que han descubierto.

3. Pida a otras personas que identifiquen maneras en que la iglesia sería diferente si la relación con Jesús fuera el aspecto más importante de la vida de la iglesia y de las personas en la comunidad.

4. Pida a un agricultor que comparta en un culto de adoración aspectos relacionados con estos términos.

5. Busque testimonios que se puedan compartir acerca de vidas transformadas de personas que crecen en su andar y que llevan fruto en amor, gozo, amistad, y servicio.

6. De manera regular, desafíe a las personas a tomar conciencia de que las acciones que llevan a cabo cada día deben fundamentarse en la relación que cada uno tiene con Cristo.

7. Pida a las personas que oren, ayunen, y mediten en estas ideas. Busque guiar a las personas a conocer la voluntad de Dios para su iglesia.

8. Desafíe a cada líder en los diferentes ministerios a concentrarse en edificar su relación y crecer de manera continua en ella, y pídales que compartan aspectos de su experiencia.

9. Hable con quienes han fracasado o han sido cortados de la vid, y señale cómo Él busca restaurarlos.

---

[1] Kenneth S. Wuest, *Wuest's Word Studies From the Greek New Testament, Vol. 3* (Grand Rapids, Michigan: Wm. B. Eerdmans Pub. Co., 1973) 65.
[2] Andrew Murray, *Absolute Surrender* (Chicago: Moody Press) 115.
[3] John Bunyan, *Grace Abounding: A Brief Account* (www.acacia.pair.com/acacia.John Bunyan/sermons.allegories/grace.abounding/account.ministry.html).
[4] Henry Ward Beecher, *A Dictionary of Thoughts*, Tyron Edwards D.D. (Detroit: F.B. Dickerson Co., 1915) 363.
[5] G. Campbell Morgan, D.D. *The Gospel According to John* (Westwood, New Jersey: Flemming Revell Co.) 254.
[6] Trent Butler, Ed., *Holman Bible Dictionary*, (Nashville: Holman Bible Publishers, 1991) 819.
[7] A.B. Bruce, D.D. *The Training of the Twelve* (Kregel Pub., 1971) 421.

UN HOMBRE QUE "LO ENTENDIÓ"

Usted es un líder de la iglesia. El liderazgo en la iglesia conlleva una enorme responsabilidad e influencia. Piense en el día en que usted muera. ¿Cómo quiere que lo recuerden? Y ahora la otra pregunta más dura: ¿Cómo lo *recordarán en realidad*? Es una pregunta que obliga a la reflexión.

¿Se dirá de usted: "Era una buena persona..." O quizá: "Hizo tanto por su familia, por la iglesia, por sus amigos..." O tal vez: "Era un líder que mantuvo como su objetivo el crecimiento de la iglesia..." O aún: "Mantuvo a su iglesia en los tiempos difíciles"?

Es cierto, serían hermosos comentarios póstumos. Pero una vez pronunciadas, esas palabras estarían tan exentas de vida como usted descansando en su ataúd. No tendrían legado duradero, no tendrían verdadera vida en sí mismas.

No era ese el caso del misionero Frank Laubach. Su legado tenía vida. Lo que se dijo de él sigue teniendo un impacto duradero en las personas en la actualidad. ¿Qué es lo que se dijo de Frank? Cosas como éstas:

"Cuando otros estaban con él sentían que estaban en la presencia de Jesús. Llegaron a conocer la personalidad de Jesús porque conocieron a Frank." Así es como se recuerda a Frank Laubach. ¿Cómo sucedió esto? Así como Jesús caminó por esta tierra constantemente consciente de la presencia de Dios su Padre, Frank vivió en constante conciencia de la presencia de Jesús. Hizo esto con convicción, apasionadamente, y sin fluctuar.

Antes que usted coloque a Frank en un pedestal de hombre grande con cualidades imposibles de ser alcanzadas por un ser humano normal, sepa esto. La relación íntima de Frank con Dios no fue algo que sucedió de la noche a la mañana. Frank experimentó una transformación espiritual que lentamente se manifestó desde adentro hacia afuera. Esta transformación de adentro hacia afuera tuvo un enorme impacto sobre la vida de Frank a medida que iba experimentando la presencia de Dios. La transformación espiritual de Frank era tan evidente, poderosa, y transformadora de la vida, que también aquellos que se encontraban con él experimentaban a Dios.

Este registro de las experiencias de Frank (de cartas a su padre) está en un libro titulado *Letters By a Modern Mystic*. Tenemos la oportunidad de echar una mirada al interior de la mente, el corazón, y el alma de este hombre de Dios, y contemplar este proceso transformador de la vida. En esta primera anotación, Frank hace referencia a una "profunda insatisfacción" que lo mueve. Quizá la búsqueda de él en alguna manera refleje la suya; sabemos que sí reflejó la nuestra. Nuestro anhelo es que usted, también, recurra a la misma fuente para hallar satisfacción.

> **Dios espera que usted deposite a sus pies su lista de actividades y que permanezca en Él**

Enero 20, 1930
"Aunque he sido un ministro y misionero por 15 años, no he vivido todos los días todo el día, minuto a minuto, para hacer la voluntad de Dios. Hace dos años, una profunda insatisfacción me llevó a tratar de armonizar mis acciones con la voluntad de Dios, cada 15 minutos o media hora. Otras personas a quienes les confesé esta intención me dijeron que era imposible. A juzgar por lo que he oído pocas son las personas que realmente están tratando de hacer al menos eso. Pero este año he comenzado a vivir todos mis momentos despiertos en una actitud consciente de escucha de la voz interior, preguntando sin cesar: "Padre, ¿qué quieres decir por mi boca? ¿Qué es, Padre, lo que deseas en este momento?" Es claro que esto es exactamente lo que Jesús hacía todo el día, todos los días".

Observe la última frase: "Está claro que esto es exactamente lo que Jesús hacía todos los días". Frank sabía que estaba en la pista de algo vital. Esta actitud consciente de escuchar la voz de Dios quitaría la insatisfacción de su vida. Es que Frank estaba a punto de "entenderlo".

Sigamos leyendo, mientras Frank nos abre aún más su corazón.

Enero 29, 1930
"Siento como que simplemente soy conducido cada hora, haciendo mi parte en un plan que está mucho más allá de mí. Este sentido de cooperación con Dios en pequeñas cosas, es lo que tanto me sorprende, porque nunca lo había sentido de esta manera antes. Necesito algo, y no tengo más que girar y encontrarlo esperándome. Debo trabajar, sin duda, pero allí está Dios trabajando a mi lado. Dios se hace cargo de todo lo demás. La parte que a mí me toca, es vivir esta hora en continua conversación interior con Dios y respondiendo con precisión a su voluntad; y la riqueza de esta hora es algo glorioso. Esto parece ser todo aquello en lo que necesito pensar".

Al cabo de 15 años en el ministerio, Frank tuvo una revelación asombrosa. La vida de Frank cambió cuando se dedicó a estar en sintonía con la voluntad de Dios—a ser simplemente como Jesús. Dejó de lado todo lo que antes había considerado importante y todo aquello que fuera incompatible con Dios. La vida de Frank se hizo rica, porque el propósito para morar en esta tierra se tornó sorprendentemente claro: su vida debía glorificar a Dios, así como la vida de Jesús glorificó a Dios. Frank descubrió que cuanto más llegaba a ser como Jesús, más glorificaba a Dios. Después de muchos años de ministerio, Frank finalmente "lo entendió".

Jesús glorificaba a Dios al ser como su Padre. Era poniendo su vida incondicionalmente a disposición de Dios que Jesús mostraba al mundo el corazón amoroso y misericordioso de Dios.

"Y aquel Verbo fue hecho carne, y habitó entre nosotros (y vimos su gloria, gloria como del unigénito del Padre), lleno de gracia y de verdad. Pues la ley por medio de Moisés fue dada, pero la gracia y la verdad vinieron por medio de Jesucristo. A Dios nadie le vio jamás; el unigénito Hijo, que está en el seno del Padre, él le ha dado a conocer" (Jn 1.14,17-18).

The MESSAGE lo expresa de esta manera en Juan 1.14,17-18. *"Esta expresión de Dios, única en su tipo, que existe junto al corazón mismo del Padre, lo ha manifestado con meridiana claridad".*

Al practicar la presencia de Dios, al seguir el ejemplo de Jesús y poner su propia vida incondicionalmente a disposición de Dios, Frank, también, vivió en la intimidad del corazón mismo de Dios—manifestando así con toda claridad a los demás el corazón de Dios.

Marzo 1, 1930
"Cada día, crece en mí esa sensación de ser guiado por una mano invisible que toma la mía, a la vez que otra mano se proyecta adelante y prepara el camino. No necesito esforzarme en absoluto para encontrar oportunidades.... Posiblemente un hombre ordenado al ministerio [desde hace 15 años] debiera sentir vergüenza de confesar que nunca antes sintió el gozo de esa—¿cómo podría llamarla?— más que rendición, a cada hora, minuto a minuto. Antes, había conocido la rendición. Es más que escuchar a Dios. Había intentado eso antes. No puedo encontrar la palabra, que le transmita a usted o a mí siquiera, lo que estoy experimentando ahora. Es un acto de la "voluntad". Obligo a mi mente a que se abra directamente a Dios. Espero y escucho, en una actitud decididamente receptiva. Fijo mi atención allí, y a veces me toma un largo tiempo... Después de un tiempo, quizás, llegue a ser un hábito, y la sensación de estar realizando un esfuerzo será menor".

Las palabras de Laubach no dejan lugar a dudas: Dios estaba transformando a Frank y la manera en que Frank se relacionaba con Él. Frank tenía hambre de Dios, una profunda necesidad de no estar alejado más de un paso de la presencia de Dios. Pero se trataba de una relación nueva y Frank tenía preguntas.

Marzo 23, 1930
"Una pregunta que ahora debe ser puesta a prueba es ésta: ¿Es posible tener ese contacto con Dios todo el tiempo? ¿Todo el tiempo que uno está despierto, dormirse en sus brazos y despertarse en su presencia? ¿Podemos lograr eso? ¿Podemos hacer su voluntad todo el tiempo? ¿Podemos pensar sus pensamientos todo el tiempo?"

Frank descubrió que, para aquellos que están sintonizados con la vida espiritualmente transformada, la respuesta a sus preguntas era sí. Jesús estaba en contacto con Dios todo el tiempo. Se despertaba, andaba, trabajaba y dormía en la presencia de Dios en todo momento. Hacía la voluntad de Dios. Pensaba la voluntad de Dios. Porque Frank había dispuesto su corazón a ser como Jesús, experimentaba el mismo gozo que seguramente sintió Jesús cuando proclamó: *"Yo soy en el Padre, y el Padre en mí"* (Jn 14.11a). Era una relación como no había otra.

Abril 18, 1930
"He gustado de un entusiasmo y una profunda alegría en la comunión con Dios que ha hecho que todo lo que sea incompatible con Dios me resulte desagradable. Esta tarde, el tener a Dios me llenó de tanta alegría, que me pareció que nunca había sentido algo así. Dios estaba tan cerca y tan admirablemente hermoso, que sentía que me derretía, invadido por una satisfacción inmensa y a la vez inexplicable. A partir de esta experiencia, que ahora se repite varias veces en la semana, rechazo todo contentamiento en lo inmundo, porque sé de su poder para apartarme de Dios. Y después de una hora de compartir la intimidad de nuestra amistad con Dios, mi alma se siente limpia, como nieve recién caída".

Frank era un hombre transformado. Sentía una constante necesidad de ser más y más como Jesús y un permanente rechazo hacia todo aquello que no fuese como Él. Era Romanos 12.1-2 sobre dos pies:

"De manera que esto es lo que quiero que hagan, con la ayuda de Dios: Tomen su vida normal, la de todos los días—su dormir, comer, ir a trabajar, y el ocuparse en las cosas de la vida—y pónganla delante de Dios como una ofrenda... No se acomoden de tal manera a su cultura que encuentren que están tan perfectamente adaptados que no necesitan ni pensar. En cambio, fijen su atención en Dios. Serán transformados desde adentro hacia fuera" (Ro 12.1-2, The MESSAGE).

Frank Laubach fue transformado de adentro hacia fuera. Después de 15 años en el ministerio, finalmente "lo entendió". Dedicó cada día del resto de su vida a ser más como Jesús. Frank ya no estaba satisfecho con un cristianismo mediocre. Había tomado en serio las palabras de Pablo en Efesios 4.22-23, en cuanto a que Cristo une a la fe con la conducta.

"Esa no es vida para ustedes. ¡Ustedes conocen a Cristo! Yo doy por entendido que ustedes le prestaron cuidadosa atención, y están bien instruidos en la verdad tal cual la tenemos en Jesús. Debido, entonces, a que no tenemos la excusa de la ignorancia, todo—y lo digo en serio, todo—lo que está relacionado con ese antiguo modo de vida tiene que desaparecer. Ya está completamente putrefacto. ¡Deshágans de él! Y de allí en más adquieran un estilo de vida totalmente nuevo—una vida modelada por Dios, una vida renovada desde adentro y que se va integrando a su conducta a medida que Dios reproduce correctamente su carácter en ustedes" (Ef 4.22-23, The MESSAGE).

No, Frank Laubach no se conformaba con un cristianismo mediocre. Una relación de domingo por la mañana o de miércoles por la noche no era suficiente para este hombre. Él tenía sed por esa clase de compañerismo constante con Dios que tuvo Jesús cuando estuvo aquí en la tierra.

Mayo 14, 1930
"Oh, esto de mantenerme en permanente contacto con Dios, de hacer de Él el objeto permanente de mis pensamientos y el

compañero de mis conversaciones, es lo más maravilloso que jamás me haya sucedido. Funciona. No logro hacerlo ni la mitad del día; no aún, pero estoy seguro que un día lo estaré haciendo durante todo el día. Se trata de adquirir un nuevo hábito de pensar. Ahora disfruto tanto de la presencia del Señor, que cuando por una hora o algo así Él se escapa de mi mente—como sucede muchas veces en el día—siento como que lo he abandonado, y como si hubiera perdido algo muy precioso en mi vida".

Frank Laubach quería ser como Jesús, para que Dios fuera glorificado. El tema era así de simple. Debido a que el deseo de Frank era tan puro, y que el poder de Dios para transformar era tan grande, sucedió algo asombroso—Frank efectivamente llegó a ser como Jesús. Dios creó en él esa "maravillosa atracción" que tenía Jesús cuando transitaba por los caminos de esta tierra cada día—esa misma atracción que acerca a las personas a Jesús en nuestro tiempo. Aunque Frank Laubach falleció hace muchos años su vida continúa acercando a personas a Jesús, porque Frank había llegado a parecerse tanto a su salvador. Eso, mis amigos, es un legado permanente.

Junio 1, 1930
"El lunes pasado fue el día más exitoso de mi vida hasta aquí, en lo que se refiere a entregar mi día en completa y permanente rendición a Dios—aunque anhelo días aún mucho mejores—y recuerdo la manera en que, al mirar a la gente con un amor que Dios me daba, ellos también me miraban largamente a mí, y por su actitud parecía como si quisieran venir conmigo. Y fue así, que durante un día percibí un poco de esa maravillosa atracción que tenía Jesús, cuando recorría día tras día los caminos, 'saturado' de Dios y radiante, como resultado de la interminable comunión de su alma con Dios".[8]

Frank Laubach encontró una gran verdad en su viaje espiritual. Aprendió que tenía una capacidad ilimitada para crecer espiritualmente en su relación con Dios. Aprendió que, a través del poder del Espíritu Santo, podía ser como Jesús, podía honrar a Dios con su vida y al hacer esto podía de manera maravillosa señalar a otros el camino a Dios.

Y eso es precisamente lo que Frank hizo y sigue haciendo. A Frank Laubach se le recuerda como un hombre que vivió como Jesús, que amó como Jesús, que confió como Jesús, y un hombre que obedeció a Dios de la misma manera en que Jesús lo hizo.

Como líder de la iglesia, ¿no es así como quisiera que lo recuerden? No es acaso esa la razón de existir de las iglesias—ayudar a las personas a honrar y glorificar a Dios con sus vidas? En su condición de líder de su iglesia, ¿no quisiera usted ser esa clase de persona a la cual Dios puede usar para guiar a otros a ser transformados espiritualmente—para amar, confiar, y obedecerlo a Él; para ser como Jesús?

Este material ha sido escrito para ayudarle a centrar sus objetivos y los de su iglesia en un propósito común y vital: ser como Jesús y ayudar a otros a llegar a ser como Él. Llegar a ser como Jesús es la esencia de la transformación espiritual. Eso es lo que experimentó Frank Laubach. Jesús quiere que usted y cada creyente en su iglesia experimenten la transformación espiritual—ser transformados espiritualmente para ser como Él.

Una vez que usted complete este libro, lo animamos de todo corazón a realizar el estudio de *Metamorfosis*, que desarrolla lo que es el corazón mismo de la transformación espiritual, de una manera personal. El capítulo siguiente es un resumen de los elementos claves de la transformación espiritual que se desarrolla en detalle en *Metamorfosis*.

Le animamos a dar este próximo paso en su peregrinaje para ser como Jesús y a tratar de liderar un ministerio de discipulado transformador que ayude a otros en su iglesia a ser como Jesús también. Irónicamente, lo que descubrirá es que guiar a otros a ser como Jesús ha sido el propósito supremo de Dios para la iglesia en toda la historia.

ENTIENDA ESTO ⇨ *el corazón de este capítulo...*
Usted (y cada creyente en su iglesia) tiene una capacidad ilimitada para crecer espiritualmente en su relación con Dios. A través del poder del Espíritu Santo usted puede ser como Jesús, para amar a Dios, confiar en Él, y obedecerlo con su vida; y al hacer así, Dios de una manera maravillosa atraerá a otros hacia sí por medio de usted.

HÁGALO ALGO PERSONAL ⇨ *Cómo se aplica esto a usted y su iglesia...*
¿Qué cosas en su vida cambiarían si usted tomara su *vida normal, de todos los días—su dormir, comer, ir a trabajar, y las demás cosas que hacen a la vida—y la pone delante de Dios como una ofrenda?* (The MESSAGE)

¿Cuál sería el resultado si cada creyente en su iglesia buscara amar a Dios, confiar en Él y obedecerlo cada día?

Considere el calendario semanal de su iglesia y analícelo. ¿En qué manera, el centrar sus objetivos en Jesús habría cambiado su última semana o mes? ¿Qué es lo que dejaría de hacer en los ministerios y programas de su iglesia?

¿Cuáles son los pasos que usted podría dar en este próximo mes para reorientar su vida poniendo como objetivo llegar a ser como Jesús, y buscar vivir constantemente consciente de la presencia de Dios?

Señale en el margen dos maneras en las que usted puede comenzar inmediatamente a modelar este nuevo enfoque de su vida para los líderes y miembros de su iglesia.

Señale dos maneras en las que usted puede presentar su transformación espiritual como modelo para los perdidos que están en su comunidad.

¿Cómo puede usted cambiar su agenda a fin de reflejar su valor principal de llegar a ser más como Jesús? ¿Qué efecto considera usted que este cambio de agenda puede tener sobre su iglesia?

PÓNGASE EN MARCHA ⇨ *Sugerencias para un discipulado "proactivo"...*

1. Identifique a tres o cuatro personas en su iglesia o en su comunidad que a su juicio podrían modelar o estarían dispuestas a modelar una vida que buscara estar centrada en Jesús en cada momento. Entrevístelas y comparta la historia de Frank. Anímelas a compartir sus comentarios y preguntas. Pídales que se unan a usted en este empeño por ordenar sus pensamientos y oraciones mientras buscan glorificar diariamente a Dios.

2. Hable con varias personas que hayan sido miembros de su iglesia por mucho tiempo. Pídales que comenten acerca de personas o etapas en las que Dios pareció más real que nunca en su iglesia. Pregúnteles lo que Dios necesitaría hacer para llevar a cabo una nueva obra en las vidas de la comunidad.

3. Considere predicar una serie de sermones bíblicos acerca de la

transformación espiritual (ver pasajes bíblicos en todo este libro), o comience estudios de grupos de *Metamorfosis* y *El liderazgo de Jesús*.

4. Comprometa a un equipo especial de guerreros de oración para interceder ante Dios para que toda la iglesia sienta la necesidad de su transformación espiritual.

5. Señale tres acciones "proactivas" que usted puede realizar durante los próximos tres meses a fin de comunicar a su iglesia que cada creyente tiene una capacidad ilimitada para crecer en su relación con Dios.

6. Escriba pasos que usted puede dar en el transcurso de los próximos seis meses para establecer los fundamentos para el desarrollo de grupos pequeños, a fin de facilitar la transformación espiritual en su congregación.

---

[8] Frank Laubach, *Letters By a Modern Mystic*, 1979, xiii-xiv. New Readers Press, U.S. Publishing Division of Laubach Literacy. Usado con permiso.

> Dios está esperando que los suyos depositen su lista de actividades a los pies de Él, busquen su rostro, y permanezcan en Él.

EL CORAZÓN DE LA TRANSFORMACIÓN ESPIRITUAL

Como líder lo más importante que debe entender sobre la transformación espiritual es su origen. La transformación espiritual es algo de Dios.

La transformación espiritual exige arrepentimiento y confianza total en que Dios *cambiará lo que nunca podríamos cambiar por nosotros mismos*. Asistir a cada culto de la iglesia o participar en cada grupo de estudio que se organice no hará que suceda. Estar integrado a una multitud de ministerios no la producirá. El ayuno no servirá para asegurarla.

Entender que la transformación espiritual no es algo que uno hace, es una verdad que se nos hace difícil de aceptar como humanos egoístas—y quizá más aún como líderes de la iglesia. Nos resistimos a admitir que hay algo que no podemos hacer. Es fácil tratar de tomar el tema de la transformación espiritual en nuestras manos—sin siquiera darnos cuenta de que eso es precisamente lo que estamos haciendo. La cultura secular y aun la cristiana nos empujan, de la misma manera que determinados rasgos personales, a ocuparnos en hacer aquello que nos parece que los cristianos tendrían que estar haciendo. Hay lugares a los que debemos asistir, actividades espirituales que realizar y personas para conocer. Pero existe una falta de correspondencia enorme y desmoralizadora entre nuestros esfuerzos y los resultados: y, para colmo, quedamos exhaustos. Estamos trabajando en el ministerio. Nos preguntamos: *¿Qué es lo que sucede? ¿No deberíamos sentir que tenemos nuevas fuerzas en Dios al servirlo?*

La verdad es que como líderes de la iglesia, demasiado a menudo quedamos atrapados en tantas actividades de nuestro ministerio que descuidamos nuestros propios y tan necesarios momentos de intimidad con Dios. Necesitamos detenernos en lo que estamos haciendo, escuchar a nuestros corazones y evaluar honestamente nuestra condición espiritual, antes de poder guiar eficazmente a otros creyentes a una relación cara a cara con Dios.

Haga esta simple comprobación. Señale las actividades de tipo espiritual en las cuales usted está comprometido como líder de la iglesia y la cantidad de tiempo que dedica a cada una en una semana promedio. Luego, señale la cantidad de tiempo que usted dedica en una semana promedio a estar a solas con Dios cultivando su propia relación personal con Él. ¿Ha perdido el equilibrio?

Es cierto, muchas de las actividades que usted señaló como líder de la iglesia son, muy probablemente, ministerios válidos. Puede ser que la balanza esté inclinándose hacia el lado equivocado. Debe existir un tiempo prioritario apartado para alimentar la relación personal con Jesús. Debe existir hambre por estar en contacto con Dios cada minuto del día así como lo estaba Jesús. Del mismo modo que Frank Laubach, usted tiene una capacidad ilimitada para crecer espiritualmente en su relación con Dios. A través del poder del Espíritu Santo usted también puede ser como Jesús, honrar a Dios con su vida, y al hacer eso, Dios, de manera maravillosa, atraerá a otros hacia sí por medio de usted.

De modo que ¿cuál es el estado actual de su relación con Dios? He aquí un buen patrón para discernir su salud espiritual: *¿Su relación personal con Jesús es más cercana hoy de lo que era un mes atrás? ¿Percibe usted una relación creciente en los otros líderes de su iglesia? ¿Y en los miembros de su congregación?* Si la respuesta repetidamente es no, entonces es tiempo para un cambio de vida rotundo—y Dios es la única fuente para este cambio, porque la transformación espiritual es estrictamente un milagro del poder de Dios. No surge—ni puede hacerlo—del esfuerzo humano. Dios está esperando que usted se acerque con corazón obediente y arrepentido, a fin de poder transformar su vida milagrosamente, con amor y con gracia.

Dios ha estado esperando que la iglesia deposite a sus pies su lista de actividades, que busque su rostro y que permanezca en Él. Ha estado esperando que su pueblo anhele desde lo más profundo de su corazón una relación con Él. Ha estado esperando que su iglesia invoque su nombre. Ha estado esperando que su iglesia sea como su Hijo y que lo ame, obedezca, y confíe en Él. ¿Por qué? Porque el deseo de Dios es que los creyentes sean transformados a la semejanza de Jesús.

Como Jesús

Las Escrituras abundan en lecciones acerca de ser como Jesús. En su última conversación con sus discípulos antes de la crucifixión, Jesús asumió algunos compromisos sorprendentes para con sus discípulos y la iglesia con respecto a la transformación espiritual. El Hijo de Dios prometió que:
- podemos amarnos unos a otros como Él nos ama (Juan 13.34);
- podemos confiar totalmente en Él (Juan 14.1);
- estamos en Él y Él está en nosotros (Juan 14.20);
- podemos hacer lo que Él hizo y más (Juan 14.12).

Esa clase de promesas sorprendentes exigen un cambio milagroso de corazón que ningún ser humano puede llevar a cabo por su cuenta. Necesita una transformación interna. Juan el Bautista, un hombre que hablaba claro, dijo en Lucas 3.7b, 8a, 9a: "*¡Oh generación de víboras!...Haced, pues, frutos dignos de arrepentimiento... Y ya también el hacha está puesta a* *la raíz de los árboles; por tanto, todo árbol que no da buen fruto se corta y se echa en el fuego".*

En términos que no dejan lugar a dudas Juan descalifica totalmente al cristianismo fundamentado en las actividades y acciones a cumplir que es tan común en las iglesias en la actualidad. Juan destacó que los creyentes deben experimentar un transplante de corazón espiritual—reemplazar el corazón egoísta por el corazón de Jesús. Para entender la manera en que se opera esta metamorfosis, consideremos cuatro preguntas críticas acerca de la transformación espiritual:

1. ¿Qué es la transformación espiritual?
2. ¿Cómo opera Dios la transformación espiritual del creyente?
3. ¿Cuáles son las evidencias de un creyente transformado espiritualmente?
4. ¿Cuáles son los estorbos para la transformación espiritual?

¿Qué es la transformación espiritual?

La transformación espiritual es la obra de Dios de cambiar a un creyente a semejanza de Jesús, creando una nueva identidad en Cristo e invistiéndolo de poder para llevar una relación de amor, confianza, y obediencia, que dure toda la vida y que glorifique a Dios.

Ahora analicemos por partes esta definición.

• *La transformación espiritual comienza con una nueva identidad en Cristo.*

La salvación es una experiencia definitoria en la cual literalmente pasamos a ser nuevas personas. Recibimos la identidad de Jesús. Se trata de una experiencia tan profunda, tan definitiva, que puede decirse que Dios le da a los creyentes un nuevo ADN espiritual, un nuevo origen genético, una nueva naturaleza. Los creyentes son apartados para la gloria de Dios en el momento del nuevo nacimiento en Cristo (Jn 3.5-6) y pasan a formar parte de la familia de Dios—herederos juntamente con Cristo (Ef 2.19-20). En Juan 14.20 Jesús describe el vínculo genético de esta nueva identidad: *"Yo estoy en mi Padre, y vosotros en mí, y yo en vosotros".*

¿Cuál es el efecto de esta nueva herencia espiritual? Así como Dios le da a un bebé recién nacido el código de ADN necesario para llegar a ser un adulto, les da inmediatamente a los nuevos creyentes todo lo necesario para vivir vidas que lo glorifiquen a Él. Dios les da todo lo necesario para caminar con Él en amor, confianza, y obediencia—tal como lo hizo Jesús. Dios es nuestra Fuente de transformación. En consecuencia, el crecimiento espiritual no es cosa nuestra; es lo que Dios quiere hacer en nosotros porque somos sus hijos. Nuestra identidad como hijos de Dios es el terreno fértil que Dios utiliza para la transformación espiritual. (Ver 1 P 1.3b-4.) *"De modo que si alguno está en Cristo, nueva criatura es; las cosas viejas pasaron; he aquí todas son hechas nuevas"* (2 Co 5.17). Para entender mejor la nueva identidad en Cristo, estudie *Mi identidad en Cristo*, de Gene Wilkes (disponible en diciembre de 2001).

• *La transformación espiritual sigue con una creciente relación de amor, confianza, y obediencia.*

La nueva identidad que los creyentes tienen en Cristo es sin duda un milagro de los más grandes. Pero no significa que con esta nueva identidad los creyentes estén plenamente maduros en Cristo. En tanto que Dios ama al creyente en un estado de bebé recién renacido, Él no está contento de dejar al creyente en pañales espirituales. Hay mucho crecimiento para estimular. Y allí es donde interviene el Espíritu Santo y comienza a cooperar para desarrollar la plenitud de la nueva identidad que el creyente ya recibió con el arrepentimiento y la salvación.

La transformación espiritual es, entonces, una travesía espiritual progresiva—un cambio constante de concepción del mundo, de actitud, y de conducta. Es en el fondo un cambio del corazón que se expresa en la vida exterior. Este cambio interno del carácter es el resultado de una relación creciente de amor, confianza, y obediencia a Dios.

La vida de Jesús representa un plano de ruta para la travesía espiritual de todos los creyentes, travesía espiritual cuyos primeros pasos de amor y confianza conducen a la obediencia. *"Padre, si quieres, pasa de mí esta copa; pero no se haga mi voluntad, sino la tuya"*, dijo Jesús en Lucas 2.42. Estas palabras no salieron con facilidad; fueron arrancadas del alma angustiada de Jesús en tanto que la sombra de la cruz se le acercaba minuto a minuto.

Resulta claro en la Biblia que Jesús tenía oportunidad de elegir en este caso. Podría haberse alejado de la cruz, pero no lo hizo. El amor de Jesús por su Padre y su confianza en Él eran tales, que eligió obedecerlo—no importaba el costo. Al elegir obedecer a su Padre, Jesús recibió el poder para conducirse como el Padre.

Al elegir el sometimiento y la obediencia, Jesús demostró el carácter personal de Dios a sus discípulos—y a todo el mundo. Lo hizo porque quería que aquellos a quienes Él ama experimenten personalmente a Dios—que lo vean cara a cara. Como consecuencia de su amor, confianza y obediencia, Jesús cambió para siempre al mundo.

Lo rindo todo—pero no fácilmente

Obediencia. A pocos de nosotros nos gusta pronunciar esa palabra. Después de confiar y arrepentirse, la obediencia representa el vínculo crucial para una relación personal con Dios. Cuando usted y otros líderes de la iglesia son obedientes a Dios el Padre—tal como Jesús lo fue—usted, también, tiene la oportunidad de ser más como el Padre, de demostrar su verdadero amor por Él, y de ver a Dios acercar a otros a sí a través de usted. Dado que la transformación espiritual se lleva a cabo desde adentro hacia fuera, cuanto más usted se someta para ser como Jesús, más usted "se comportará" como Jesús. Y más serán atraídos otros por el cambio producido en usted.

No tropiece con el término *comportarse*. La transformación espiritual no está basada en acciones. Por el contrario, es algo que se produce internamente. No se trata meramente de hacer cosas que reproduzcan la conducta cristiana; se trata de un milagro interno, el de llegar a ser concretamente como Jesús, asumiendo su identidad, estableciendo una relación vital con Él de modo tal que sus acciones reflejen un cambio interno de carácter—el corazón de Jesús ha reemplazado su antiguo corazón egoísta. En Juan 14.20, Jesús describe esta identidad especial: *"Yo estoy en mi Padre, y vosotros en mí, y yo en vosotros"*. Se trata de Jesús exteriorizando su vida a través de usted. Todos los días. En todos los aspectos.

Permítame ilustrarlo: Mi perra Maddie pasa prácticamente cada hora de su vida en que está despierta, entre personas. Maddie asumió una nueva identidad que se asemeja en gran medida a la de los seres humanos—comer, dormir, bañarse, y en algunos aspectos un tanto insólitos se parece bastante a los humanos. Sin embargo, Maddie nunca se transformará en un ser humano; ella meramente se conforma al estilo de vida humano. Permita que un gato haga su aparición y adiós todas las cualidades "humanas" de Maddie.

En cambio, usted—y cada creyente en su iglesia—sí tiene una nueva identidad espiritual, una nueva naturaleza. Con la experiencia de salvación, el Espíritu Santo de Dios tomó posesión de sus almas y comenzó a transformar a cada uno de ustedes en una nueva criatura. A diferencia del adiestramiento externo que recibe un perro doméstico, la transformación espiritual es un cambio interno y no una mera transición de una manera de vivir la vida, a otra diferente. Jesús está siendo formado en todos aquellos que le pertenecen creciendo progresivamente en una relación de amor, confianza y obediencia cada vez más profunda (Gá. 4.19).

- **La transformación espiritual glorifica a Dios.**

El objetivo de la nueva identidad en Cristo y de una relación de amor, confianza y obediencia que dure toda la vida es muy simple: glorificar a Dios. Una vez más, como fue la intención de Dios, Jesús lidera por su ejemplo. La transformación espiritual requiere que el creyente ame con la disposición al sacrificio que tuvo Jesús (hablando del sacrificio de sí mismo). *"Como el Padre me ha amado, así también yo os he amado; permaneced en mi amor" (Jn 15.9). "Un mandamiento nuevo os doy: Que os améis unos a otros; como yo os he amado, que también os améis unos a otros. En esto conocerán todos que sois mis discípulos, si tuviereis amor los unos con los otros"* (Jn 13.34-35).

Amar a Dios conlleva una responsabilidad de cumplir el propósito de Dios de hacer conocer su amor al mundo. Cuando un creyente está verdaderamente transformado espiritualmente, descubrirá maneras de compartir el amor de Dios con otros. Dios resulta glorificado cuando el creyente es transformado espiritualmente.

¿De qué manera transforma Dios a un creyente a la semejanza de Jesús?

Hemos dicho que la verdadera transformación espiritual debe ser el resultado del poder de Dios. Cuando finalmente anhelamos una relación profunda con Dios, Él comienza a transformar diariamente nuestros corazones a través de la obra del Espíritu Santo. Debido a que estamos aquí sobre la tierra, Dios utiliza recursos de la vida real como catalizadores, para hacernos más como su hijo. Consideremos algunos de esos recursos.

- **Dios usa su Palabra viva.**

Dios da a sus hijos su Palabra para que ellos conozcan el anhelo de su corazón y la sabiduría que Él tiene para compartir. Su Palabra es el fundamento firme sobre el cual los creyentes deben establecer su singular relación con Él. La Palabra de Dios nos relaciona con Jesús al demostrarnos cómo Él vivió y amó—y cómo Dios quiere que nosotros vivamos. *"Dijo entonces Jesús a los judíos que habían creído en Él: Si vosotros permaneciereis en mi palabra, seréis verdaderamente mis discípulos; y conoceréis la verdad, y la verdad os hará libres"* (Jn 8.31-32). *"Toda la Escritura es inspirada por Dios, y útil para enseñar, para redargüir, para corregir, para instruir en justicia, a fin de que el hombre de Dios sea perfecto, enteramente preparado para toda buena obra"* (2 Ti 3.16-17).

En su libro *Soul Nourishment First,* George Mueller describe la necesidad de alimentarse diariamente de la Palabra. "Medito en las Escrituras, indagando en cada versículo para recibir bendición de Él: no con el propósito del ministerio público de la Palabra, no con el fin de predicar sobre lo que medite, sino con el propósito de obtener alimento para mi alma".

Es vital que usted como líder de la iglesia demuestre sed por la Palabra de Dios. Es vital que aquellos que están en su iglesia sean diariamente atraídos a su fuente de poder transformador. Es vital que cada creyente sediento de crecimiento espiritual luche por dedicar tiempo a las Escrituras y luego se alimente de sus verdades.

Jesús dice en Juan 17.17: "*Santifícalos en tu verdad; tu palabra es verdad*". ¿Están usted, los otros líderes de su iglesia, y su congregación alimentando sus almas con la Palabra viva? Si no es así, están viviendo la vida lejos de las riquezas de la vida transformada.

• *Dios usa el hogar y la familia como instrumentos de crecimiento.*

Dios usa el núcleo familiar como el capullo dentro del cual se produce la transformación espiritual. El cultivo de ese medio no solamente da a los niños ejemplos tempranos del maravilloso amor y poder de Dios, sino que también provee renovadas oportunidades para que usted y otros en su iglesia conozcan los caminos de Dios mientras buscan guiar a los niños (ver Dt 6.6-7). Se nos manda enseñar a nuestros hijos sobre los mandamientos de Dios.

• *Dios usa a los creyentes para ayudar a otros a crecer a fin de que sean como Jesús.*

Cada creyente que está siendo transformado por la obra del Espíritu Santo debe ayudar a otros creyentes a crecer y ser más como Jesús. Para los creyentes esta no es una opción; es un mandato bíblico. "*Hierro con hierro se aguza; y así el hombre aguza el rostro de su amigo*" (Pr 27.17). Ahora lea Efesios 4.11-16. Los creyentes, uniéndose para desafiarse unos a otros a ser como Jesús, representan una de las más asombrosas herramientas de transformación que tiene Dios. ¿Cómo se une un creyente con otros creyentes? Una manera es a través de las experiencias de adoración colectiva. La unidad del Espíritu que se crea a través de la adoración en conjunto se ve reforzada por las relaciones personales que se generan a través de la comunión de la iglesia. La iglesia debe ser un lugar en el que todo aquel que atraviesa sus puertas sabe que allí tiene verdaderos amigos. "*En todo tiempo ama el amigo, y es como un hermano en tiempo de angustia*" (Prov. 17.17). Estas amistades se fortalecen a través del vínculo de la enseñanza que provee el discipulado.

Los muchos dones del Espíritu y las muchas partes del cuerpo de

Cristo, se hacen una en la iglesia. El propósito de Dios para la iglesia es que sea una poderosa fuente de transformación para el creyente. Es a través de un caminar diario en la intimidad con Jesús que las personas en la iglesia llegan a conocer el corazón de Dios. Debemos asegurarnos que las organizaciones, estructuras, procesos, procedimientos, y sistemas de una iglesia, faciliten la obra de transformación espiritual del Espíritu Santo.

- *Dios usa las circunstancias de la vida diaria.*

La vida abunda en circunstancias inevitables que provocan dolor, además de toda una serie de malas decisiones que pueden evitarse y que necesitan de disciplina. Dios usa tanto las circunstancias como la disciplina para transformar a los creyentes a la semejanza de su Hijo.

La verdadera transformación espiritual no se produce sin lucha; la vida y muerte de Jesús son un claro ejemplo. Al confiar en Dios y obedecerlo en medio de las luchas, las circunstancias difíciles se convierten en tierra fértil para milagros que transforman el corazón.

"En lo cual vosotros os alegráis, aunque ahora por un poco de tiempo, si es necesario, tengáis que ser afligidos en diversas pruebas, para que sometida a prueba vuestra fe, mucho más preciosa que el oro, el cual aunque perecedero se prueba con fuego, sea hallada en alabanza, gloria y honra cuando sea manifestado Jesucristo" (1 P 1.6-7). Ver también Romanos 8.23, 31b-32, 37-39.

Sí, hay circunstancias inevitables—y también los creyentes acumulamos aflicción sobre nosotros mismos. En los momentos en que hacemos una mala elección, Dios usa su disciplina amorosa para podarnos y darnos forma. Aun cuando la disciplina a menudo incluye pérdidas importantes, lo que perdemos palidece en comparación con lo que ganamos de la sabiduría y el corazón de Jesús. Hebreos 12.10-11 dice que la disciplina… *"da fruto apacible de justicia a los que en ella han sido ejercitados"*.

- *Dios usa el tiempo devocional para desarrollar el crecimiento.*

El estudio bíblico, la oración, el ayuno y la adoración, son importantes para la transformación espiritual. Dios usará casi cualquier actividad como un ejercicio de capacitación para la transformación espiritual. Lo que es clave para recordar es que la actividad no tiene el propósito de medir la espiritualidad sino de crear un canal que Dios pueda usar para guiar a los creyentes directamente al corazón de Él. Los ejercicios espirituales nos hacen crecer en nuestro amor por Él y por todas las personas (ver 1 Ti. 4.7b-8).

¿Cuál es la evidencia de crecimiento espiritual que Dios espera ver en la vida de un creyente?

La medida del discipulado es la medida en que un creyente es como Jesús. Consideremos aquellas cosas que son reflejo de un corazón transformado—porque es a través de reflejar el corazón de Dios como un espejo, que los creyentes glorifican a Dios. *"Dios quiso dar a conocer las riquezas de la gloria de este misterio entre los gentiles; que es Cristo en vosotros, la esperanza de gloria"* (Col. 1.27).

- *La vida del creyente transformado es modelo de amor, confianza y obediencia.*

La transformación del carácter de un creyente se hará evidente al responder a las retos y acontecimientos de la vida de la misma forma y con la misma actitud que lo haría Jesús. *"El que tiene mis mandamientos, y los guarda, ése es el que me ama; y el que me ama, será amado por mi Padre, y yo le amaré, y me manifestaré a él"* (Jn 14.21).

En el corazón mismo de la transformación espiritual descansa esta verdad: El amor y la confianza resultan en obediencia. Dentro de la relación de un creyente con Jesús, la obediencia produce un mayor amor y una fe más firme. Eso no quiere decir que la obediencia siempre sea fácil. La obediencia por cierto no fue algo fácil para Jesús cuando la oscura sombra de la cruz se le acercaba minuto a minuto. Sin la obediencia de Jesús, el mundo habría estado perdido. Sin la obediencia de los creyentes, la iglesia no es más que una organización social. (Ver 1 Jn 5.2-5.)

- *El creyente transformado vive en armonía con la Palabra de Dios.*

Para los creyentes, la transformación espiritual es caminar en sus Palabras todos los días, no simplemente hablarlas. Es vivir la Palabra de Dios en voz alta. Los creyentes transformados viven en forma práctica la Palabra de Dios y en consecuencia aman a Dios y a los otros de la manera en que Jesús los ama. Entonces se produce fruto—no por causa del que está observando, sino por causa de Aquél que está guiando las acciones. *"En esto es glorificado mi Padre, en que llevéis mucho fruto, y seáis así mis discípulos"* (Jn 15.8).

En Mateo 11.28-30 Jesús dice: *"Venid a mí..., aprended de mí... y hallaréis descanso para vuestras almas"*. El creyente en proceso de ser transformado viene a la Palabra de Dios en busca de la sabiduría y el sustento que allí hay. La pregunta: "¿Cómo afectará esto mi relación con

Jesús?" Se convierte en la óptica a través de la cual los creyentes observan cada aspecto de la vida.

• *El creyente transformado ve al mundo a través de la óptica de las Escrituras.*

Dios llama a los creyentes a ver el mundo como lo vio Jesús, a amar a los perdidos como Él los ama. Dios nos llama a compartir su amor con los demás. Los creyentes transformados echan mano de las oportunidades que Dios proporciona para hacer que el mundo sea mejor. Con nuestras vidas bajo la óptica de las Escrituras las cosas asumen una perspectiva clara. El temor de predicar el evangelio es reemplazado por un fervor por hacerlo. El cristianismo displicente es reemplazado por la consagración. El hecho de simplemente figurar en el mundo no alcanza; el objetivo principal llega a ser el de marcar una diferencia en el mundo de la misma manera en que lo hizo Jesús. *"Por lo demás, hermanos, todo lo que es verdadero, todo lo honesto, todo lo justo, todo lo puro, todo lo amable, todo lo que es de buen nombre; si hay virtud alguna, si algo digno de alabanza, en esto pensad. Lo que aprendisteis y recibisteis y oísteis y visteis en mí, esto haced; y el Dios de paz estará con vosotros"* (Fil. 4.8-9).

• *El creyente transformado se relaciona con otros creyentes.*

El Espíritu Santo reúne a seres humanos de toda clase de personalidades, puntos de vista, y dones en una relación con Dios que es distintiva y consagrada, unidos en una familia espiritual (la iglesia) para su propia posesión, uso, y gloria. A estos muchos creyentes Dios les da diferentes dones para que la obra del ministerio pueda llevarse a cabo eficientemente. Todos los creyentes tienen un llamado: glorificarlo a Él.

"Pero el Dios de la paciencia y de la consolación os dé entre vosotros un mismo sentir según Cristo Jesús, para que unánimes, a una voz, glorifiquéis al Dios y Padre de nuestro Señor Jesucristo. Por tanto, recibíos los unos a los otros, como también Cristo nos recibió, para gloria de Dios" (Ro 15.5-7).

El corazón visiblemente transformado presta oído a este llamado trascendente a glorificar a Dios y se proyecta para unir sus manos con otros creyentes más allá de las diferencias que pudieran tener. Tal corazón cultiva la unidad en el cuerpo de Cristo orando por otros creyentes, evitando mezclarse en chismes, edificando las vidas de otros, trabajando juntos en humildad, exaltando a Cristo, y negándose a perder el objetivo al discutir sobre insignificancias. Es un corazón pacífico, no un corazón beligerante. Es un corazón como el de Jesús. (Ver Fil 2.1-6.)

• ***El creyente transformado hace que otros conozcan el amor de Dios.***
El amor por Dios que siente un creyente transformado se refleja en un amor tal por la gente que el creyente se siente impulsado a hacer conocer el amor de Dios.

"Por tanto, id, y haced discípulos a todas las naciones, bautizándolos en el nombre del Padre, y del Hijo, y del Espíritu Santo; enseñándoles que guarden todas las cosas que os he mandado; y he aquí yo estoy con vosotros todos los días, hasta el fin del mundo" (Mt. 28.19-20).

Dios le da al creyente transformado un nuevo corazón que lo impulsa a buscar a los perdidos. Así como Jesús dedicó su vida a hacer discípulos, el creyente transformado se dedica a hacer discípulos que, a su vez, hacen nuevos discípulos. La buena voluntad de Dios, agradable y perfecta, es que el creyente llegue a ser como Jesús y haga que otros conozcan el amor de Dios (ver Ro 12.1-2).

¿Cuáles son los obstáculos para la transformación espiritual?

En el camino del creyente que quiere ser como Jesús hay adversarios fuertes y bien entrenados. De manera que ¿cómo entonces se prepara el creyente para la guerra espiritual? El primer paso para derrotar a un enemigo es conocer su armamento. Entender las amenazas de Satanás a la transformación espiritual y armarse de manera específica y consciente en preparación para los ataques del enemigo, es la manera de vencerlas, de sobreponerse a ellas.

• ***La guerra de Satanás***
Un pequeño ciervo estaba alejado de la manada. Lamentablemente, tres perros descubrieron al solitario animal y comenzaron una vigorosa persecución. Los perros acortaron distancia. De pronto, una persona dispuesta a ayudar al ciervo, corrió detrás de los perros gritando y ahuyentándolos. Cuando estos reconocieron a un adversario más poderoso, rápidamente se alejaron. El cervatillo, aunque sangrando un poco, corrió hacia el bosque a buscar la seguridad de su madre. [10]

El caso del cervatillo guarda un paralelo con la lucha del creyente con Satanás y hace énfasis en la razón por la cual la iglesia debe tener un concepto tan claro del ministerio del discipulado. Así como los perros hicieron del ciervo solitario su presa, Satanás ataca al creyente más vulnerable y a menudo al líder más fuerte con toda su potencia. Puede tratarse de un creyente que se separa de la iglesia, un creyente nuevo, uno al cual la iglesia ha fracasado en discipular y en ayudar a crecer al abrigo de la congregación o un cristiano maduro que se vuelve excesivamente confiado en sí mismo, complaciente, o se aísla.

Cuando un creyente está solo, Satanás siempre ataca. Y Satanás no pelea limpio. Es que a Satanás le preocupa grandemente el solo pensar que un creyente pueda llegar a ser como Jesús. Satanás pone todo su empeño en detener su viaje de transformación espiritual. Conoce las debilidades de los cristianos y conoce el momento más vulnerable en el cual soltar los perros. Por eso Satanás es un obstáculo tan grande para la transformación espiritual. Es sutil, traicionero, y no tiene misericordia.

Pero a pesar de todos los planes de victoria de Satanás, Dios ya ganó la batalla. Satanás no tiene poder contra Él. En Juan 14.30-31, Jesús proclamó: *"No hablaré ya mucho con vosotros; porque viene el príncipe de este mundo, y él nada tiene en mí. Mas para que el mundo conozca que amo al Padre, y como el Padre me mandó, así hago"*. Aun el plan más grande de Satanás—el uso de los líderes y sistemas humanos para condenar a muerte a Jesús—no hizo más que resultar en el testimonio del amor eterno de Dios por nosotros y la obediencia total de Jesús.

Los creyentes tenemos el mismo poder para derrotar a Satanás gracias a nuestra nueva identidad en Cristo. Aun cuando en nuestra travesía hacia la transformación espiritual vivimos en una zona de guerra, la victoria es nuestra en virtud de a quién pertenecemos (somos los hijos de Dios) y de quiénes somos en Cristo (coherederos con Él), completos, con su ADN espiritual. Lo que se pide de nosotros es:
- un anhelo constante y consciente de ser como Jesús,
- estar permanentemente conscientes de los planes de Satanás,
- una fe constante en que Dios nos proveerá de las fuerzas para vencer a Satanás si es que clamamos a Él,
- una voluntad constante de unirnos con otros creyentes en la lucha, y
- entender que en este proceso Dios puede disciplinar a un creyente.

Estos cinco aspectos requieren una disposición "proactiva". La disposición al discipulado incluye ser altamente consciente de los flancos vulnerables en nosotros mismos y en los demás. ¿Cuáles son sus flancos vulnerables? Las debilidades personales, hábitos destructivos, y fortalezas claramente demostradas en nuestras vidas, que nos hacen susceptibles a los ataques de Satanás. Estos pueden incluir de todo, desde adicciones al alcohol, las drogas, la pornografía, anorexia, bulimia, baja autoestima, e ira incontrolable. La lista es interminable pero no invencible.

La guerra espiritual es un área en la cual la iglesia desempeña un papel vital en el proceso de transformación. El cuerpo de Cristo debe estar en constante vigilancia y protegiendo como lo más precioso a aquellos que forman parte de su familia desde el nuevo creyente que está luchando con adicciones que lo controlaron durante toda su vida, hasta el creyente de más tiempo que debe luchar contra la indiferencia.

Como vemos, la iglesia está llena de creyentes que han conocido tanto la agonía de los ataques de Satanás como el entusiasmo de la victoria con Cristo. También está llena de creyentes que descansaron en los brazos fuertes, extendidos, de otros creyentes cuando sus propias fuerzas les fallaron.

Proverbios 18.24b dice: *"Y amigo hay más unido que un hermano"*. El cuerpo de Cristo es ese amigo fuerte que ayuda a pelear batallas y a sostener a los creyentes debilitados bajo el ataque de Satanás. Como creyentes que buscan la transformación, debemos armarnos no solamente para nuestras propias batallas personales sino para también ayudar a otros a pelear sus batallas. A través de la capacitación para un discipulado consciente, las oportunidades de ministerio, cadenas de oración, experiencias de adoración, sana enseñanza bíblica y participación, la iglesia se convierte en el conducto principal a través del cual Dios obra para fortalecer a los creyentes y hacerlos más como su Hijo.

Dios da a los creyentes fortaleza para la travesía y hay consuelo en saber que otros creyentes nos acompañan en el viaje para darnos ánimo, advertencia, sabiduría, apoyo y cuando es necesario, corrección. De esta manera, el creyente que está en batalla nunca está solo aunque Satanás trate de convencerlo de lo contrario. Prepárese anticipadamente para luchar contra los ataques de Satanás con la armadura de la oración diaria, la lectura de la Palabra de Dios, y la ayuda de otros creyentes. Esta armadura fuerte, impenetrable, se hace necesaria para el viaje de la transformación espiritual.

"Vuestro adversario el diablo, como león rugiente, anda alrededor buscando a quien devorar; al cual resistid firmes en la fe, sabiendo que los mismos padecimientos se van cumpliendo en vuestros hermanos en todo el mundo. Mas el Dios de toda gracia, que nos llamó a su gloria eterna en Jesucristo, después que hayáis padecido un poco de tiempo, él mismo os perfeccione, afirme, fortalezca y establezca" (1 P 5.8-10). Ver también 2 Timoteo 4.16-18a y Romanos 16.20.

- ***Los caminos del mundo.***

Los creyentes enfrentan la tentación a conformarse diariamente a la perspectiva del mundo. La tentación a conformarse al mundo cuenta con una excelente estrategia de publicidad—el aborto como una opción, la sensualidad como libertad de expresión, y la avaricia como determinación.

Cada creyente necesita desarrollar un verdadero anhelo por la verdad de Dios y luego defender su posición delante del mundo, aunque a menudo se sienta solo contra la multitud. El esfuerzo puede ser agotador (1 Jn 2.15-16). Pero a pesar de toda la hábil publicidad del mundo, la diferencia entre el mundo y el Padre se hace clara cuando la óptica que utilizamos es la de la Palabra de Dios. Jesús dijo: *"Confiad, yo he vencido al mundo"* (Jn 16.33).

- *La guerra contra el yo.*

En tanto que el creyente recibe de Cristo un nuevo ADN espiritual con su arrepentimiento y salvación, la antigua naturaleza centrada en el yo todavía está presente. Envuelve al creyente en una guerra espiritual contra lo que está centrado en Dios. *"Así que, yo mismo con la mente sirvo a la ley de Dios, mas con la carne a la ley del pecado"* (Ro. 7.25).

Esta guerra contra sí mismo puede ser encarnizada. El creyente transformado debe mantenerse centrado en Cristo para vencer el poder del yo. Un corazón como el de Él no pregunta: "¿Qué hay para mí?" Pregunta: "¿Qué puedo dar?" No exige: "¡Satisfáceme!" Dice: "No se haga mi voluntad sino la tuya". El creyente recibe poder para deponer todos los deseos personales y hacer la voluntad de Dios, del mismo modo en que Jesús lo hizo. *"Porque he descendido del cielo, no para hacer mi voluntad, sino la voluntad del que me envió"* (Jn 6.38).

- *Falta de fe.*

Cuando el camino de la transformación espiritual se vuelve muy escarpado, a menudo el creyente tiene que luchar contra la falta de fe, que generalmente está fundada en el temor. El temor puede dejar al creyente paralizado. Aunque la travesía de la transformación espiritual sea difícil y por momentos traicionera, es posible vencer el temor a través de una fe que permanece y del conocimiento confirmado en el corazón de que Jesús está allí para guiar el camino. La travesía nunca es una experiencia solitaria. La Biblia dice *"No se turbe vuestro corazón; creéis en Dios, creed también en mí"* (Jn 14.1). *"De cierto, de cierto os digo: El que en mí cree, las obras que yo hago, él las hará también; y aun mayores hará"* (Jn 14.12). *"Porque todo lo que es nacido de Dios vence al mundo; y esta es la victoria que ha vencido al mundo, nuestra fe"* (1 Jn 5.4).

- *Falta de conocimiento y comprensión.*

La ignorancia de la Palabra de Dios es una barrera enorme para una relación de crecimiento con Jesús. La batalla por el control de la mente es una lucha entre pensar y actuar a la manera de Dios por fe en contraste con el pensar y actuar en base a la limitada capacidad humana de razonar.

En Proverbios 3.5-6, vemos la importancia de estudiar la Palabra de

Dios. *"Fíate de Jehová de todo tu corazón, y no te apoyes en tu propia prudencia. Reconócelo en todos tus caminos, y él enderezará tus veredas"*.

Oseas 4.6a revela lo que sucede cuando un creyente descansa en su propia capacidad limitada para razonar. *"Mi pueblo fue destruido, porque le faltó conocimiento"*. Un conocimiento bíblico superficial deja al creyente vulnerable a los ataques de Satanás. Satanás siembra semillas de información distorsionada en un campo de verdad. El creyente no preparado puede verse asfixiado por las malezas de Satanás sin siquiera saberlo. El creyente preparado está resguardado por un pleno conocimiento de la nueva identidad que posee en Cristo. Una mente edificada en las Escrituras es una mente que está centrada en ser como Jesús.

"Porque las palabras que me diste, les he dado; y ellos las recibieron... Santifícalos en tu verdad; tu palabra es verdad" (Jn 17.8,17). *"Desde la niñez has sabido las Sagradas Escrituras, las cuales te pueden hacer sabio para la salvación por la fe que es en Cristo Jesús. Toda la Escritura es inspirada por Dios, y útil para enseñar, para redargüir, para corregir, para instruir en justicia, a fin de que el hombre de Dios sea perfecto, enteramente preparado para toda buena obra"* (2 Ti 3.14-17).

- *El peligro de deslizarse.*

Unos de los obstáculos más sutiles para llegar a ser como Jesús son los desvíos no intencionales que pueden hacer encallar la vida de un creyente. A Satanás le encanta cuando los creyentes se dejan arrastrar por la corriente sin percatarse de lo que les está sucediendo. Cuando un creyente pasa navegando a la deriva, él hace una seña de aprobación con su cabeza y lo saluda agitando su mano y apenas si puede controlar su satisfacción.

La Biblia dice que *prestemos cuidadosa atención*, porque el peligro de deslizarse es muy sutil (ver He 2.1). Sucede generalmente cuando un creyente se vuelve perezoso en su vida de oración y estudio bíblico o demasiado ocupado con las cosas de la vida diaria. El creyente puede dejar de hacer la voluntad de Dios y no darse cuenta hasta que se produce un sobresalto, una crisis personal, la confrontación por parte de un amigo preocupado o la disciplina por parte de Dios. Un creyente que se está deslizando está en un "limbo espiritual" y no está creciendo *"en la gracia y el conocimiento de nuestro Señor y Salvador Jesucristo"* (2 P 3.18). Cuando cesa el crecimiento, aumenta la susceptibilidad al pecado.

- **Rebeldía.**

Un corazón rebelde es un tema aún más serio. El creyente decide darle la espalda al crecimiento espiritual. La rebeldía manifiesta es como un puñetazo en el rostro de Dios. La Biblia destaca el dolor y la pena que rodeó a los israelitas cuando blandieron sus puños en el rostro de Dios y dijeron: "¡Lo queremos a nuestra manera!" Recibieron lo que sus puños cerrados pidieron—la ira y disciplina de Dios. *"Si oyereis hoy su voz, no endurezcáis vuestros corazones, como en la provocación"* (He 3.15).

Un creyente que decide rebelarse contra Dios y reemplazar el amor, la confianza y la obediencia, por una voluntad centrada en el yo tiene por delante tiempos difíciles. Cuando Jonás le dijo "¡No!" a Dios desató el caos en su vida. Jonás aprendió por el camino difícil, que uno no puede escapar de Dios y que por otra parte no puede decir que ama a Dios si no está dispuesto a hacer lo que Él pide. *"El que no me ama, no guarda mis palabras"* (Jn 14.24). *"Porque tropiezan en la palabra, siendo desobedientes; a lo cual fueron también destinados"* (1 P 2.8). La rebeldía levanta un muro de separación entre el creyente y todo lo que Dios tiene para él, y genera consecuencias desagradables que pueden durar toda una vida. Pero el arrepentimiento y el perdón ponen al creyente nuevamente en la senda, como a Jonás, haciéndolo capaz de llevar a cabo grandes cosas para la gloria de Dios. Cada vez que el creyente se rebela se mete en serios problemas. Ir adelante con Dios siempre trae paz y gozo.

- **Distracción.**

Uno de los obstáculos más eficaces que usa Satanás contra los creyentes es la distracción. Satanás puede desviar al creyente de una relación de crecimiento personal con Jesús por medio de actividades que pueden o no ser cosas buenas. Es capaz de distraer al creyente de la victoria en Jesús, orientando su pensamiento a temores acerca del futuro y recriminaciones con respecto al pasado. Puede apartar a un corazón de la gracia y la misericordia de Cristo, hacia la justicia propia basada en el legalismo; de la mirada centrada en la gloria de Dios, a la persecución de las ambiciones personales, de la transformación espiritual fundamentada en el carácter, a un desempeño fundamentado en la actividad. La lista es interminable y peligrosa. La Biblia dice que los ojos del creyente deben estar puestos en Jesús todo el tiempo. Nada debe distraer al creyente de hacer de Jesús el centro de su vida. *"Ninguno que poniendo su mano en el arado mira hacia atrás, es apto para el reino de Dios"* (Lc 9.62).

El papel de la iglesia en la transformación.

En nuestra travesía hacia la transformación espiritual, nunca podremos exagerar la importancia de estar preparados para presentar batalla. Pablo advierte a la iglesia no subestimar en ningún momento la potencia de la guerra satánica y los muchos obstáculos para la transformación espiritual. La paráfrasis de Eugene Peterson, en *The MESSAGE*, resume de esta manera el pasaje de Efesios 6.10-18: *"Dios es fuerte, y quiere que ustedes sean fuertes. De manera que tomen todo lo que el Maestro ha dispuesto para ustedes, armas bien construidas y de los mejores materiales. Y úsenlas para así poder hacer frente a todo lo que el Diablo les arroje a su paso. No se trata de una competencia atlética de un día en la cual participamos y en un par de horas nos olvidamos. Esto es permanente, una lucha de vida o muerte hasta el final, contra el Diablo y todos sus ángeles.*

Estén preparados. Lo que tienen delante es mucho más de lo que pueden enfrentar con sus propias fuerzas. Provéanse de toda la ayuda que puedan, de cada arma que Dios les ha dado, para que cuando todo termine y solamente se oigan los gritos de victoria ustedes estén en pie. Verdad, justicia, paz, fe, y salvación, son más que simples palabras. Aprendan cómo aplicarlas. Las necesitarán en todo el transcurso de su vida. La Palabra de Dios es un arma indispensable. De la misma manera, la oración es fundamental en esta guerra permanente. Oren de manera intensa y prolongada. Oren por sus hermanos y hermanas. Tengan sus ojos abiertos. Anímense unos a otros para que ninguno se quede atrás o abandone". "Prosigo a la meta" dice Pablo en Filipenses 3.14.

La iglesia está llamada a cultivar un medio que ayude al creyente a proseguir a la meta de ser como Jesús.

ENTIENDA ESTO ⇨ *El corazón de este capítulo...*

La transformación espiritual es la obra de Dios de cambiar a un creyente a semejanza de Jesús, creando una nueva identidad en Cristo e invistiéndolo de poder para llevar una relación de amor, confianza, y obediencia que dure toda la vida y que glorifique a Dios.

Es un milagro que tiene su fuente de poder en Dios; no puede surgir del esfuerzo humano.

HÁGALO ALGO PERSONAL ⇨ *Cómo se aplica esto a usted y su iglesia...*

¿En qué aspecto, el saber que usted tiene el ADN espiritual de Jesús, cambia su percepción de usted mismo y su percepción del potencial de su iglesia para el ministerio?

¿Su relación con Jesús, es más cercana hoy de lo que era hace un año?

¿Percibe usted una misma relación creciente entre los demás líderes de su iglesia? ¿Entre los miembros de su iglesia?

¿Cuáles serían tres acciones prioritarias que usted podría llevar a cabo en su iglesia durante los próximos seis meses a fin de generar conciencia de transformación espiritual?

¿Cuáles serían dos maneras creativas en las cuales usted podría reestructurar los cultos de adoración y el programa de enseñanza de su iglesia, a fin de ayudar al cuerpo de la iglesia a reconocer y maximizar los recursos aplicables a la vida real que Dios utiliza, para que cada uno sea transformado a la semejanza de Jesús?

¿Cómo puede usted comunicar al cuerpo de su iglesia las cosas palpables que constituyen evidencias de la transformación espiritual en la vida de un creyente?

¿Qué barreras es usted capaz de identificar que pudieran estar impidiendo que algunas personas experimenten la transformación espiritual?

Señale algunos "guardaespaldas" que su iglesia puede comenzar a incorporar a su estructura en el transcurso de los próximos seis meses a fin de ayudar a los creyentes a reconocer y vencer los obstáculos para la transformación espiritual.

PÓNGASE EN MARCHA ➪ *Sugerencias para un discipulado "proactivo"...*
1. Anime a estudiar de manera individual y en grupos el libro *Metamorfosis*, el cual guía al creyente a través del proceso de transformación espiritual.

2. Incorpore el objetivo de amar, confiar, y obedecer como lo hizo Jesús, a la visión y la declaración de propósitos de su iglesia. ¿Qué impacto tendrá esto en la manera en que ustedes "funcionan como iglesia" y la manera en que usted y los demás en su iglesia se proyectan para alcanzar a su comunidad?

3. ¿Qué cosas específicas está haciendo su iglesia en este momento a fin de crear un ambiente que ayude a los creyentes a amar, confiar, y a obedecer

como lo hizo Jesús? ¿Qué es lo que no están haciendo ahora, que podrían comenzar a hacer dentro de los próximos seis meses?

4. Durante un período de varias semanas, pida a grupos de diáconos, maestros de Escuela Dominical, líderes de ministerios, responsables de comisiones, o personal administrativo de la iglesia que: (a) hagan una lista de las actividades de carácter espiritual en las cuales participan; (b) evalúen en una escala de 1 a 5 la manera en que cada actividad ayudó a las personas a desarrollar una relación personal con Dios; (c) pídales que estimen cuánto tiempo las personas comprometidas en estas actividades dedican a desarrollar su relación personal con Dios; (d) pregúnteles en qué manera las actividades serían diferentes si el objetivo fuese la transformación espiritual de esas vidas. (Refiérase a las pp. 26-28.); (e) pregúnteles si su relación con Jesús es más cercana hoy de lo que era el mes pasado o el año pasado; (f) pregúnteles si la relación de los líderes y de los miembros con Jesús está creciendo. (Refiérase a las pp. 28-29.); (g) pídales que en grupo confeccionen una lista de las cosas que "hay que hacer" en su iglesia. Guíelos para orar pidiendo que sus corazones anhelen ardientemente una relación con Él por encima de cualquier lista de cosas que "haya que hacer". Sea sensible con respecto a quiénes usted integra a esta actividad. Su propósito es el de revitalizar a su iglesia. Integre a personas que se unirán a usted en la travesía. Podrá ser necesario realizar esto con varios grupos a través de un cierto tiempo.

5. Reúna a un grupo de líderes de la iglesia para estudiar con usted Juan 13-14 (refiérase a la p. 27).

6. Con este mismo grupo, invite a un cirujano cardiovascular o a una persona que haya sufrido cirugía cardíaca para que describa el propósito y el procedimiento. Invite a un especialista en salud, educación física, o rehabilitación, a fin de que describa el procedimiento necesario para mejorar o cambiar las condiciones de un corazón. Utilizando la información en las páginas 28-29, guíe al grupo a estudiar la transformación espiritual. Hablen acerca de la manera en que su iglesia puede guiar a las personas a experimentar la transformación espiritual.

7. Considere la posibilidad de hacer en su iglesia un énfasis de dos o tres meses sobre la transformación espiritual, repasando la declaración de propósitos de su iglesia a fin de incluir la transformación espiritual y orando

para que la misma se convierta en la prioridad de su vida y ministerio.

8. Organice grupos pequeños de estudio de *Metamorfosis* y *Mi identidad en Cristo* de manera que todos en su iglesia puedan tener acceso a ellos.

9. Pida a los grupos que debatan y evalúen los cinco recursos (1. Palabra viva; 2. Familia; 3. Creyentes; 4. Circunstancias diarias; 5. Ejercicios espirituales.) identificados en las páginas 31-33, que Dios utiliza para transformar vidas. Pídales que establezcan una escala de valores con respecto a la manera en que cada uno de estos recursos resulta eficaz en su iglesia para transformar vidas. Luego pídales que intercambien opiniones sobre maneras de mejorar estos recursos para que sean más eficaces en la transformación espiritual.

10. Pregunte a un grupo de maestros de la Escuela Dominical cuál es la medida en que sus alumnos tienen sed de la Palabra de Dios.

11. Invite a creyentes que sean "Faros espirituales" en su iglesia, para que compartan testimonios de su estudio bíblico o de una verdad espiritual que acaban de aprender en su tiempo devocional.

12. Pida a algunos padres que compartan un testimonio acerca de la manera en que quieren ser usados y estar disponibles para guiar la transformación espiritual en su hogar. Pida a un adolescente maduro que comparta la manera en que su familia modela su vida espiritual. Pida a algunas familias que en un culto de adoración demuestren cómo es un estudio bíblico familiar.

13. Compartan testimonios de la manera en que otros creyentes les ayudaron a crecer para ser como Jesús. Distribuya tarjetas entre la congregación y pídales que escriban unas líneas de agradecimiento a alguien que les ayudó mostrándoles cómo ser como Jesús.

14. Pida a algunos que compartan testimonios acerca de la manera en que Dios usó las circunstancias para transformar a los creyentes a su semejanza.

15. De los ejercicios señalados en la página 33, ¿cuáles fueron los más utilizados en su vida o en su iglesia para guiar a las personas a ser como Jesús? ¿Cuáles de ellos son recursos nuevos de ejercitación?

16. Reúnase con un grupo de líderes y pídales que examinen nuevamente el calendario de la iglesia para los próximos meses. Pregunte: ¿Qué influencia tendrán estas actividades sobre las personas en nuestra iglesia y sobre la relación de ellas con Jesús? (Refiérase a la p. 35 para esta pregunta.)

17. Haga una lista de los obstáculos señalados en las pp. 36-41. Ordénelas de mayor a menor según la importancia del obstáculo que constituyan para su iglesia en el próximo período de uno a tres años. Haga una lista de lo que usted considera que podría hacerse ya sea para eliminar los obstáculos o mejorar la situación en su iglesia. ¿Quiénes en su iglesia necesitan estar orando con respecto a estos obstáculos?

---

[9] George Muller. *Soul Nourishment First* (Los Angeles: Bible House of Los Angeles, 1900).
[10] Adaptado de *Home Again* C por Ivey Harringoton. Usado con permiso.

LO QUE DIOS QUIERE QUE SU IGLESIA "ENTIENDA"

Oz Guinness relata la siguiente anécdota en su libro *The Call:*

"Arthur F. Burns, presidente del Sistema de Reserva Federal de los EE.UU. y embajador en Alemania Occidental, era un hombre que inspiraba respeto. De estatura mediana, aspecto distinguido, cabello gris ondulado y su clásica pipa, fue el consejero en temas de economía para numerosos presidentes, desde Dwight D. Eisenhower a Ronald Reagan. Cuando hablaba, su opinión tenía peso y Washington escuchaba.

"Arthur Burns también era judío, de manera que cuando comenzó a participar en un grupo informal de oración en la Casa Blanca en la década del 70, fue objeto de un respeto especial. Nadie sabía en verdad cuál era la manera de incluirlo en el grupo y semana tras semana, cuando diferentes personas por turno finalizaban la reunión con oración, Burns era pasado por alto debido a una mezcla de respeto y reticencia.

"Sin embargo, en una oportunidad el grupo estuvo liderado por un integrante nuevo que no conocía la función poco común que cumplía Burns. Al finalizar la reunión, el nuevo integrante se dirigió a Arthur Burns y le pidió que concluyera el encuentro con una oración. Algunos de los más antiguos en el grupo se miraron sorprendidos unos a otros preguntándose en qué iría a parar aquello. Pero sin pestañear, Burns extendió sus manos, las unió con los demás que formaban el círculo y oró de esta manera: 'Señor, te pido que permitas que los judíos conozcan a Jesucristo. Te pido que permitas que los musulmanes conozcan a Jesucristo. Por último Señor, te pido que permitas que los cristianos conozcan a Cristo. Amén.'

"La oración de Arthur Burns llegó a ser famosa en Washington. No solamente sorprendió a los presentes con sus palabras sinceras y directas, sino que también subrayó un aspecto acerca de los 'cristianos' y el 'cristianismo' que necesita ser permanentemente recordado. Destaca un aspecto importante de la verdad acerca del llamado: *El llamado recuerda incesantemente a los cristianos que, lejos de haber llegado, un cristiano es alguien que en su vida está siempre en el camino como 'un seguidor de Cristo' y un seguidor de 'el Camino.'"* [11]

De acuerdo con este llamamiento debemos pensar que el llamado de la iglesia está ligado a la función de ayudar a los cristianos a seguir a Cristo y a ser como Él. Dicho en otras palabras: Jesús se ocupa de cambiar a las personas egoístas en líderes siervos y la función de la iglesia es crear un ambiente cálido y de crecimiento que favorezca esta transformación.

> Dios está esperando que la iglesia deposite su lista de actividades a los pies de Él, busque su rostro, y permanezca en Él.

¿Existe este ambiente espiritual en su iglesia? Haga memoria de las actas de las últimas reuniones administrativas de la iglesia. ¿Cuáles fueron los valores centrales que se reflejaron en las decisiones tomadas en esas reuniones? ¿Están saturadas del concepto del discipulado? ¿Es este el valor central que da dirección a las funciones de su iglesia? ¿Están usted y los demás líderes de su iglesia volviéndose más y más como Jesús cada día? ¿Está su iglesia alimentando a su gente para que sean más como Jesús? Si no es así, ¿por qué no?

La verdad gozosa (y ciertamente, milagrosa) es ésta: Dios puede transformarlo no solamente a usted sino a los demás líderes de la iglesia y a cada miembro de su congregación, para que sean como su Hijo Jesús. Es más, Él llamó a la iglesia a la transformación espiritual, haciendo claro el mensaje y el método en 2 Corintios 3.18 y Romanos 12.1-2:

"Por tanto, nosotros todos, mirando a cara descubierta como en un espejo la gloria del Señor, somos transformados de gloria en gloria en la misma imagen, como por el Espíritu del Señor" (2 Co 3.18). *"Así que, hermanos, os ruego por las misericordias de Dios, que presentéis vuestros cuerpos en sacrificio vivo, santo, agradable a Dios, que es vuestro culto racional. No os conforméis a este siglo, sino transformaos por medio de la renovación de vuestro entendimiento, para que comprobéis cuál sea la buena voluntad de Dios, agradable y perfecta"* (Ro 12.1-2).

¿Están usted y los demás creyentes en su iglesia dentro de *la buena voluntad de Dios, agradable y perfecta*? ¿Está su objetivo centrado en llegar a ser como Jesús? Su iglesia puede serlo. Debe serlo. Tiene que serlo. El anhelo del corazón de Dios es que los creyentes sean transformados a la semejanza de su Hijo. Al conocer a Jesús, los creyentes conocen a Dios.

Si existe alguna duda con respecto a la intención de Dios para la iglesia, Jesús la clarifica en Juan 14.6-7 al aclarar que una relación íntima, de corazón a corazón con Jesús, no sólo es la única clave para la salud espiritual sino también la línea directa con Dios mismo. Es más, es el único vínculo con Dios. *"Yo soy el camino, y la verdad, y la vida; nadie viene al Padre, sino por mí. Si me conocieseis, también a mi Padre conoceríais; y desde ahora le conocéis, y le habéis visto".* Usted, los líderes de su iglesia, y los miembros de su congregación deben de consagrarse en verdad a *conocer* a Jesús personalmente.

La pregunta que ha desconcertado a tantos cristianos: "¿Qué querrá Dios que yo haga con mi vida ahora que me he arrepentido de mis pecados y confiado en Jesús?", ya tiene respuesta. Usted, los demás líderes en su iglesia y los creyentes que adoran deben llegar a ser como Jesús para que otros puedan conocerlo personalmente y crecer para ser como Él. Toda otra meta o logro en la vida de un creyente o en la vida de su iglesia debe desprenderse de este propósito y relación fundamental.

El llamado de Dios es sencillo: "Sean como mi Hijo, Jesús". La orden es tan sencilla, tan claramente establecida en las Escrituras, que es increíble que la iglesia haya sido tan lenta en abrazar el concepto del discipulado transformador como su valor central.

Es vital que usted, como líder de su iglesia, abrace este valor fundamental del discipulado y convierta su propia relación con Jesús en el aspecto central de su vida, de la misma manera que hizo Frank Laubach. El ministerio de discipulado de su iglesia nunca superará el nivel del anhelo por una transformación espiritual en el corazón de su líder; por lo tanto, es vital que usted establezca el modelo para los líderes de su iglesia y para los demás en la congregación, de que Jesús es "lo principal". Entonces, como líder de la iglesia, es vital que modele el discipulado transformador—alimentando a otros creyentes para que crezcan para ser como Jesús. De otro modo, el discipulado transformador existirá simplemente como un énfasis más o como un programa independiente dentro de la agenda de su iglesia. Y la iglesia que ha perdido su celo por el discipulado ha perdido el objetivo de su misión principal dada por Dios. ¿Cómo se comienza a implementar este enfoque del discipulado? Haciendo pasar cada programa, cada oportunidad de ministerio, a través de un filtro sencillo: **Este ministerio en particular, ¿me ayudará a mí y a mi iglesia a ser más como Jesús?**

¿Por qué este filtro es tan importante para la salud de su iglesia? Para que una iglesia sea sana, las personas que la forman deben ser espiritualmente sanas. Eso exige que las personas consideren la relación personal con Jesús como su valor central. Sin esta relación central, la persecución del crecimiento espiritual se convierte en un desempeño fundamentado en actividades en lugar de una transformación espiritual fundamentada en el carácter. Solamente la transformación interna produce cambios de conducta radicales que glorifican a Dios.

En su libro: *The Antioch Effect*, Kent Hemphill realiza un diagnóstico que señala una verdad crucial: "Las iglesias sanas asignan una alta prioridad a promover el crecimiento de las personas hacia la semejanza a Cristo, lo cual es el aspecto fundamental del ministerio de discipulado de la iglesia".[12]

Al intentar definir el discipulado para el nuevo milenio, Hemphill claramente se hace eco de lo que dijo Jesús en Mateo 28.19-20. *"Por tanto, id, y haced discípulos a todas las naciones, bautizándolos en el nombre del*

Padre, y del Hijo, y del Espíritu Santo; enseñándoles que guarden todas las cosas que os he mandado; y he aquí yo estoy con vosotros todos los días, hasta el fin del mundo".

La gramática griega utilizada en este pasaje es esclarecedora cuando pensamos en el impacto de las palabras de Jesús. Existe solamente un imperativo—el resto de los verbos son participios. La única orden concreta es "haced discípulos". No hay orden imperativa de ir, de bautizar, o de enseñar. Esos son simplemente métodos que utilizamos para cumplir el mandato de hacer discípulos. Así, podríamos traducir con más exactitud el versículo de esta manera: "Al andar, hagan discípulos—bautizándolos y enseñándoles".

La Biblia, entonces, lo dice con claridad: El discipulado es la orden fundamental para la iglesia, no como un programa sino como un ingrediente esencial en la transformación de vidas. Con esta afirmación categórica no estamos comprometiendo la verdad de la palabra de Dios, sino evaluando conscientemente la metodología detrás de la manera en que se lleva a cabo el discipulado. Es que el discipulado transformador contrasta notablemente con los métodos de crecimiento espiritual que se concentran en absorber información acerca de la vida cristiana, o en realizar actos de servicio y ministerio, o en organizar actividades para los miembros de la iglesia. Aunque es cierto que los creyentes deben buscar oportunidades para crecer y servir ni el conocimiento ni el servicio constituyen la comprobación del discipulado. El sendero al genuino discipulado transformador, el sendero para guiar a los creyentes en su iglesia a experimentar a Dios cara a cara, solamente puede transitarse al conocer obedientemente a Jesús. Por esa razón Jesús llevaba a sus doce discípulos con Él a todas partes. Quería que lo experimentaran a Él, y que al hacerlo, experimentaran a Dios mismo. Jesús no se limitó a sentarse y enseñarle a los discípulos acerca del Padre. Les ayudó a *conocer* íntimamente al Padre.

Piense en eso: *conocer* íntimamente al Padre. Como líder espiritual, ¿ayuda usted a los creyentes en su iglesia a *conocer* al Padre? ¿Experimentan ellos a Dios como consecuencia de caminar con usted?

En nuestra generación, sentimos, o al menos así parece, que podemos simplemente enseñar una clase de Escuela Dominical y que los participantes saldrán de allí conociendo a Dios. Pero no es así. Podrán salir conociendo más *acerca* de Dios, pero eso no significa que lo hayan *experimentado* en sus vidas. Si nosotros, como líderes de la iglesia, podemos ayudar a los creyentes en nuestras iglesias a verdaderamente conocer y experimentar al Padre y caminar con Él de la misma manera en que Jesús ayudó a sus discípulos a que lo hicieran, sin duda habrá vidas que serán transformadas y Dios será glorificado.

Recuerde, no estamos hablando de enseñar una clase de la Escuela Dominical, ni de liderear un grupo pequeño. Tampoco estamos hablando de llenar el templo cada domingo. No estamos hablando de lanzarnos a ministrar a los necesitados. **Estamos hablando de caminar con un grupo de personas hasta que hayan experimentado personalmente a Dios.** Ese es el verdadero discipulado. Ese es el discipulado transformador. Y ese es el mandato de Dios para la iglesia. Si las personas están caminando con Él, las necesidades de ministerio y liderazgo de la iglesia se suplirán por si solas, porque a medida que las personas crecen quieren ser partícipes de lo que Dios está haciendo.

El dilema de la iglesia en el nuevo milenio

Consideremos por un instante dos caminos para el crecimiento espiritual: la relación cara a cara en contraste con el conocimiento intelectual. He aquí el dilema de la iglesia en el nuevo milenio. Hemos asignado muchísimo más valor a lo intelectual que a lo relacional. Y puede apreciarse en la vida agitada y llena de actividades de la iglesia que nuestras mentes hablan más alto que nuestros corazones. ¿Estamos siendo transformados por Dios o meramente remodelados por actividades dictadas por los hombres? Lamentablemente, el cristiano promedio tiene mucho conocimiento intelectual de Dios, pero en realidad no lo *conoce* lo suficientemente bien como para creerle cuando Él le da una orden en la vida. Cada vez que Dios interviene para guiar en una dirección específica, los cristianos luchan contra Él porque no confían plenamente en este Extraño en medio de ellos. Esa es una de las razones por las cuales este mundo y nuestros países están en la condición en que están. El pueblo de Dios no lo conoce; y en consecuencia, no le obedece.

Si un mayor número de creyentes conociera a Dios personalmente—no tan sólo intelectualmente—y lo obedecieran en todo lo que Él les dice, veríamos un avivamiento en nuestras vidas, nuestras iglesias, nuestro país, y nuestro mundo. No nos equivoquemos, es responsabilidad de los líderes espirituales como usted, cultivar un ambiente en su iglesia que nutra a los creyentes para experimentar una relación cara a cara, corazón a corazón con Dios. El conocimiento intelectual acerca de Dios es apenas una muesca en la corteza cerebral, que puede producir actividad espiritual externa. La relación con Dios es un transplante de corazón que cambia las vidas para siempre.

Como líderes de la iglesia nos ha sido asignada una seria responsabilidad. Dios está haciendo responsable a la iglesia de asegurarse que la actividad externa de los creyentes sea el reflejo de una realidad interna; de otro modo no es otra cosa que aplausos y palmadas en la espalda. En Mateo 6.1, Jesús advierte seriamente a la iglesia acerca de un cristianismo basado en actividades. *"Guardaos de hacer vuestra justicia delante de los hombres, para ser vistos de ellos; de otra manera no tendréis recompensa de vuestro Padre que está en los cielos".*

The MESSAGE lo parafrasea de esta manera: *"Tengan especial cuidado cuando están tratando de ser buenos, para que no hagan de ello un teatro. Podrá ser una buena representación, pero el Dios que los hizo no los estará aplaudiendo".*

No, Dios no recompensa las listas de actividades y los "pasos programados" para el crecimiento espiritual. Lo que sí recompensa, lo que envió a Jesús a modelar, es el cambio interno de carácter, no la conducta externa centrada en actividades. La esencia de la transformación espiritual en el poder de Dios es que, como creyentes, nuestro carácter reflejará el mismo carácter y conducta de Jesús al responder a las demandas, acontecimientos, agravios, y desafíos de la vida. De acuerdo, seguir el ejemplo de Jesús es difícil, pero las Escrituras prometen que es algo totalmente alcanzable a través de la obra del Espíritu Santo en nuestras vidas.

Aquí está la verdad del asunto: **Dios concede a la iglesia mucha flexibilidad en *"la manera"* de hacer las cosas—pero no en *"lo"* que hace.** Las palabras de Jesús en Mateo 28 señalan claramente la misión de la iglesia: la responsabilidad del discipulado descansa en la iglesia y en todos los creyentes. En otras palabras, su iglesia ha recibido la orden de tomar la iniciativa espiritual para cultivar un ambiente de amor, confianza, y obediencia a Dios, todo para su gloria. No se trata de un ambiente que desencadena un cataclismo—un cambio súbito o drástico en las vidas de las personas—sino por el contrario, uno que alimenta la transformación de los creyentes, de la naturaleza humana a la naturaleza de Dios. La siguiente historia ilustra la diferencia entre forzar un cataclismo y alimentar la transformación espiritual.

Un día vi un capullo de gusano que colgaba de la rama de un árbol. Mientras observaba, la mariposa que estaba dentro se esforzaba por abrirse paso a través de un pequeño agujero. Al cabo de varias horas la mariposa parecía no estar avanzando en su propósito. De modo que decidí ayudarla cortando cuidadosamente el resto del capullo. La mariposa salió fácilmente, pero tenía un cuerpo hinchado y alas pequeñas y mal formadas. Observé a la mariposa porque esperaba que en cualquier momento sus alas se agrandarían como para soportar en vuelo el peso del cuerpo inflamado. Pero esto no sucedió y la mariposa pasó el resto de su corta vida arrastrándose de un lado al otro con un cuerpo inflamado y alas mal formadas. Nunca pudo volar y nunca llegó a ser una cosa hermosa. Lo que yo no había entendido era que el esfuerzo de la mariposa por salir a través de la minúscula abertura del capullo, era la manera en que Dios había previsto que lentamente el líquido de su cuerpo fuera desplazado hacia sus alas de modo que estuviese lista para volar una vez libre del capullo. Yo impedí este proceso gradual de transformación.

De igual modo, la iglesia no debe forzar cambios dramáticos en los creyentes, empujarlos súbitamente a participar en actividades espirituales, ni pretender de ellos que corran espiritualmente antes de haber aprendido a gatear. En cambio, a medida que las personas se ven liberadas del capullo de pecado y van entrando en una relación personal con Jesús, es responsabilidad de la iglesia apoyar y ayudar a la obra del Espíritu Santo nutriendo al creyente. Una iglesia sana, creciente, y poderosa, reconocerá la responsabilidad que Dios le dio de nutrir lentamente a los creyentes que están saliendo de sus capullos e implementar un ministerio de discipulado para llevarlo a cabo.

La tarea de Jesús fue y es la transformación lenta de personas centradas en sí mismas, en personas centradas en el servicio. No con la finalidad de "encontrar a Dios" sino con la finalidad de "conocer a Dios" a través de Él. Cuando la iglesia logra entender este concepto y se convierte en un instrumento que Dios puede usar para hacer discípulos, suceden dos cosas maravillosas: los cristianos se vuelven personas espiritualmente sanas y otros llegan a conocer a Dios a través de ellos.

¿Cómo guía usted, como líder de la iglesia, a los creyentes en su congregación para que verdaderamente conozcan a Dios; a hacer la transición, de un conocimiento intelectual de Él, a una relación de corazón a corazón con Él? Los creyentes son transformados al mantenerse centrados en Jesús. Es cierto, el proceso de reajustar el enfoque de la vida puede ser difícil en algunos casos—los cambios de enfoque por lo general lo son.

Del mismo modo, usted como líder de la iglesia encontrará cierta turbulencia espiritual si elige navegar personalmente el viaje de la transformación espiritual y pastorear a otros hacia la transformación. La mayoría de las personas se resiste a los cambios. Los cambios les producen incomodidad, irritabilidad y a veces hasta parecen injustos. No importa que alguien se lo diga. Como líder de la iglesia, en algún momento lo vivió. Nosotros lo hemos vivido también, de manera que podemos entender cómo usted se siente al considerar un nuevo enfoque para la iglesia. Sin embargo, la Biblia le promete esto: A través de la relación de amor, confianza, y obediencia que Jesús modeló, Dios lo llevará a usted y a su iglesia al destino correcto—no importa la turbulencia. Las recompensas que resultan de un nuevo enfoque para ser como Jesús, tanto en usted mismo como en los demás, no son otra cosa que milagros.

Una nueva perspectiva

En este momento puede que esté sintiendo una sensación extraña en esa parte del cuerpo donde percibe las presiones que lo agobian. Relájese y sepa esto: **Un nuevo enfoque de su iglesia hacia el discipulado transformador no requiere que usted comience de cero con un programa totalmente nuevo. Solamente requiere que usted contemple a los ministerios, programas, y énfasis de su iglesia desde una nueva perspectiva. La perspectiva de Jesús.** El objetivo de su iglesia es alcanzar a personas y guiarlas a la transformación espiritual, lo cual siempre arroja como resultado que ellas descubren su propio ministerio personal en su iglesia, hogar, escuela, empleo, y comunidad.

La verdad es que, en lugar de hacer más complicado el sendero por el que transita su iglesia, hacer del discipulado transformador el enfoque de la misma simplificará la vida de su congregación. Encontrará que su iglesia lleva a cabo mucho más para Dios porque habrá mucho menos energía desperdiciada en programas que apuntan a actividades y no lo ayudan a usted ni a su congregación a ser más como Jesús. Una iglesia centrada en el discipulado transformador es una iglesia centrada en Jesús. Como líder, como creyente, ¿se le ocurre un mejor objetivo?

Uno, dos, tres... probando.

Jesús vino a la tierra para mostrarnos a Dios, para restaurar nuestra relación con Él a través de su muerte y sacrificio en la cruz, y para ofrecer a los creyentes un modelo de vida que es agradable a Dios. A partir de la vida de Jesús, podemos discernir tres características clave de un discípulo. Considere esta "prueba" de tres puntos para el discipulado. ¿Tiene usted...

1. Una relación con Dios "que permanece"?
2. Una relación con el cuerpo (la iglesia) centrada en Cristo?
3. Un impacto sobre el mundo, dirigido por Dios y cada vez más amplio?

¿Cómo? ¿Que no está muy seguro? Las siguientes preguntas lo ayudarán a usted y a otros líderes en la iglesia a meditar en y a evaluar su actual relación con Dios:
- Mis pensamientos, actitudes y acciones, ¿son cada vez más como los de Jesús?
- ¿Transcurren más de 30 minutos sin que yo piense en Jesús?
- ¿Busco con verdadero anhelo oportunidades para adorar y alabar a Dios?
- ¿Busco con verdadero anhelo momentos para orar y estudiar la Biblia?
- ¿Cómo manejo las situaciones difíciles que requieren sacrificio?
- ¿Cómo enfrento las pruebas?

Las siguientes preguntas lo ayudarán a usted y a otros líderes de la iglesia a meditar y a evaluar su relación con los creyentes:
- ¿Hasta qué punto amo a mis hermanos y hermanas en Cristo?
- ¿Hasta qué punto amo a los que son difíciles de amar?
- ¿Cómo respondo a un conflicto con otro creyente?
- ¿Con cuánta prontitud perdono?
- ¿Me fastidian los creyentes inmaduros?

Estas preguntas finales lo guiarán a usted y a otros líderes en su iglesia a reflexionar acerca de sus relaciones con el mundo:
- ¿Hasta qué punto amo a los perdidos?
- La manera en que paso el día, ¿refleja a Cristo con integridad, consagración, gozo, y responsabilidad?
- ¿De qué manera estoy siendo de influencia sobre aquellos que me rodean?
- ¿Invierto mis recursos en la extensión del reino de Dios?
- ¿De qué manera nuestra iglesia está transformando a la cultura?
- ¿De qué manera, los creyentes en nuestras iglesias viven su fe y constituyen un impacto sobre la cultura?

Jesús modeló la manera en que deberíamos vivir como cristianos, reflejando su imagen. La orden de las Escrituras entonces se hace clara: Aprender a vivir, amar, confiar, y obedecer como hizo Jesús y ayudar a otros para hacer lo mismo, es el propósito de Dios para la iglesia. Esta es la clave para vivir dentro de la *"buena voluntad de Dios, agradable y perfecta"*.

Es más, pastorear a su iglesia a través de esta clase de cambio de vida es simplemente una cuestión de cambiar el enfoque—no de nuevos programas o modelos de iglesia—pero haciéndolo sobre Jesús y el discipulado centrado en principios: los principios del discipulado que Jesús demostró cada día de su vida.

La persuasión con base en principios
Si Jesús tuviera que evaluar los programas, métodos, modelos, y técnicas complejas que usamos hoy día, creemos que lo primero que diría sería: "Lo están haciendo todo muy difícil".

Es que en la capacitación de sus discípulos—y en cada aspecto de su vida sobre la tierra—"Jesús destacó los principios por sobre los métodos. Se concentró en satisfacer las necesidades de las personas antes que en desarrollar e impartir técnicas. Dedicó su tiempo a desarrollar procesos saludables de pensamiento más que habilidades. Y lo que es más importante, enseñó por vía del ejemplo cómo confiar en Dios en lugar de enseñar teorías acerca de Dios". [13]

Esa es la manera en que Jesús entendió la vida. ¿No es así como nosotros debiéramos entenderla?

ENTIENDA ESTO ⇨ *El corazón de este capítulo...*
El objetivo de Jesús es cambiar a las personas egoístas en líderes servidores y la función de la iglesia es crear un ambiente cálido, de crecimiento, que estimule esta milagrosa transformación. Es necesario asegurarse que las estructuras, organizaciones, procesos, procedimientos y sistemas de una iglesia estén facilitando la obra de transformación espiritual del Espíritu Santo. Enseñar a otros a amar, confiar, y obedecer como hizo Jesús es el propósito de Dios para la iglesia. Todo esto debe hacerse para glorificar a Dios.

HÁGALO ALGO PERSONAL ⇨ *Cómo se aplica esto a usted y a su iglesia*
Evalúe la salud y la eficacia del ministerio de discipulado de su iglesia.

• ¿Qué proporción de las personas activas en su iglesia están actualmente comprometidas en el ministerio del discipulado?

• ¿Qué proporción de ellas están experimentando la transformación espiritual?

• El discipulado, ¿está limitado al grupo de la iglesia en general o es algo natural en los grupos pequeños también?

• ¿Cómo están las personas experimentando una genuina relación, un sentido de comunidad, como resultado de su ministerio de discipulado?

• ¿En qué maneras están usted y otros en su iglesia volviéndose más como Jesús como resultado de su ministerio de discipulado? ¿Cuáles áreas están en déficit?

• ¿Cuál es la eficacia con que el actual ministerio de discipulado de su iglesia está capacitando a los creyentes para satisfacer las necesidades de una sociedad que sufre?

• ¿Cómo está el ministerio de discipulado de su iglesia descubriendo y formando nuevos líderes?

Tómese el tiempo necesario para hacer una lista de todos los programas y ministerios de su iglesia.

• ¿Hacia dónde van el tiempo, el dinero y los esfuerzos de su iglesia? Pregúntese: ¿Qué estamos haciendo y por qué? Por ejemplo, observe las actas de las tres últimas juntas de negocios de su iglesia, de las reuniones del comité ministerial, etc. Observe también el presupuesto y calendario de su iglesia. Sobre la base de estos registros evalúe las prioridades de su iglesia. (Haga esto en el espíritu correcto; no es un tiempo de señalar a nadie o echar culpas. Por el contrario, se trata de un tiempo de evaluar la salud de su iglesia.)

Someta los registros de su iglesia al siguiente filtro: ¿De qué manera este determinado ministerio/programa, rubro del presupuesto o actividad, me ayuda a mí y a mi iglesia a ser más como Jesús? Esta pregunta lo ayudará a determinar los puntos fuertes, debilidades y el verdadero propósito de cada ministerio, programa, asunto presupuestado y actividad de la iglesia. Escríbalos. La acción de pasar a cada ministerio o programa a través de este filtro ayudará a determinar cuáles objetivos deben mantenerse, descartarse o necesitan ser remodelados si es que han de ayudarles a usted y a su iglesia a ser más como Jesús. La evaluación que usted haga podrá también animarle a desarrollar ministerios totalmente nuevos que estén más claramente orientados hacia el discipulado.

• ¿Cómo puede usted cambiar el aspecto práctico de su discipulado: de enseñar acerca del Padre, a llevar a otros a encontrarse con Él cara a cara? ¿Qué cosas específicas puede usted hacer para ayudar a otros líderes en su iglesia a implementar este cambio de perspectiva?

PÓNGASE EN MARCHA ⇨ *Sugerencias para un discipulado "proactivo"...*

1. Pida a los miembros de su iglesia que individualmente y de manera anónima escriban cuál es a su juicio la proporción de aquellos que asisten a la iglesia que creen que el llamado fundamental de la iglesia está "relacionado con ayudar a los cristianos a seguir a Cristo y a ser como Él". Obtenga las respuestas y pida al grupo que las comente. Luego pregúnteles si se trata de un tema sobre el cual necesitan orar y cambiar opiniones. Pídales que piensen acerca de la manera en que su iglesia sería diferente si creciera el porcentaje promedio. Cambien opiniones con respecto al grupo de preguntas que se encuentra al comienzo de la página 48.

2. Estudie y memorice 2 Corintios 3.18; Romanos 12.1-2; Juan 14.6-7, y anime a su iglesia a hacer lo mismo también.

3. Anime a las personas a quienes usted lidera a realizar la *prueba* de actividades que usted realizó en la página 55 de este capítulo y la *prueba* de discipulado de tres puntos en la página 54. Estas preguntas que estimulan el pensamiento ayudarán a las personas a evaluar el equilibrio entre su tiempo a solas con Dios y las actividades externas del ministerio, como así también su disposición para el discipulado.

4. Anime a las personas a quienes usted dirige a escribir en sus agendas, el primer día de cada semana de todo el año, la siguiente pregunta: *Mi relación con Jesús, ¿es más cercana hoy de lo que era la semana anterior?* Confrontarse con esta pregunta cada semana ayudará a los creyentes a evaluar de manera regular su relación con Jesús y a apartar el tiempo necesario para realizar ajustes cuando abran sus agendas.

5. Después de evaluar la eficacia de su actual ministerio, reclute a un equipo especial de guerreros de oración para interceder ante Dios por el ministerio del discipulado para que este alcance a toda la iglesia. Anímelos a orar por los líderes del ministerio de discipulado.

6. Desarrolle una estrategia para su ministerio de discipulado. ¿Qué aspecto presenta el resultado final? ¿Cuál es su visión/propósito? Basándose en los principios bíblicos del *Discipulado transformador,* ¿qué es lo que anhelaría para su iglesia de aquí a dos años? ¿Cinco años? ¿Diez años? ¿Qué clase de necesidades se verían satisfechas? ¿Cómo serían "cambiadas" las vidas? ¿De qué manera grupos de discipulado sanos y eficaces ejercerían su influencia sobre los otros ministerios de la iglesia y los apoyarían?

---

[11] Oz Guinnes. *The Call, Finding and Fulfilling the Central Purpose of Your Life* (Nashville: Word Publishing, 1998), 106-107. Todos los derechos reservados. Usado con permiso
[12] Ken Hemphill, *The Antioch Effect* (Nashville: Broadman and Holman Pub., 1994) 181.Todos los derechos reservados.
[13] Walter A. Henrichsen. *Disciples Are Made—Not Born* (Victor Books, una división de SP Publications, C 1974) 118-127.1978.

TIENE QUE SER JESÚS

> **El principio de la relación:**
> La transformación se produce en el área de las relaciones. Nuestra relación con Jesús es la relación fundamental que ejerce su influencia sobre las demás relaciones en la vida.

La salud de todas las demás relaciones depende de una relación permanente con Jesús.

El ingeniero de un enorme puente señaló acerca de la imponente estructura: "Todo el puente está preocupado por los cimientos".

¡Qué afirmación insólita! Dice todo con respecto a lo que debe ser la vida del creyente—totalmente preocupada por el cimiento de la fe: Jesucristo. Él es el puente que salva la gran separación entre Dios y el hombre.

En el Antiguo Testamento y a través del Nuevo, la Biblia ilustra la importancia de conocer a Dios, de estar preocupados por esa relación fundamental, el cimiento. Pero de alguna manera, hoy parece fácil fluctuar entre una relación de corazón a corazón con Dios y una relación intelectual con Él. Deténgase por un momento e imagine un programa de entretenimientos en el que se formula la siguiente pregunta: "Imaginen quién sabía más acerca de Dios... ¿Abraham en el Antiguo Testamento o un teólogo de nuestro tiempo?"

Abraham no podría haberle hablado acerca de la primera y segunda venida de Cristo al mundo; tampoco podría haber explicado las diferencias entre las posiciones pre, post, y amilenialista; ni podría haber dialogado acerca de la naturaleza dual de Cristo, el nacimiento virginal, ni una decena más de puntos teológicos. ¡Pero Abraham *conocía* a Dios! Ocupa un lugar destacado en las Escrituras como un hombre que agradó a Dios. Tan solo en el Nuevo Testamento, se le menciona 74 veces. Consideremos dos de esas oportunidades.

Así Abraham creyó a Dios, y le fue contado por justicia (Gá 3.6). Esa es toda una afirmación acerca de la relación de Abraham con Dios. Significa que Abraham estaba totalmente preocupado por Dios. Es más, Dios se agradaba tanto de este hombre que Hebreos 11.16 dice: *"Dios no se avergüenza de llamarse Dios de ellos"* [de Abraham]. Piense en lo que Dios estaba diciendo. Una cosa es ser conocido por Dios. Otra cosa muy diferente es cuando el Dios del cielo y de la tierra dice: "Yo soy el Dios de Abraham". Lo que Dios está diciendo aquí es que el Creador es conocido por la criatura—y Dios estaba orgulloso de identificarse con Abraham porque la vida de Abraham ayudaba a otros a conocer a Dios.

¿Puede el Dios vivo ser conocido por los demás a través de usted? ¿Puede Dios decir: "Si quieren conocer cómo soy, observen la vida de la persona que lee este libro"? Dios dijo eso acerca de Jesús. Jesús reflejaba el corazón de Dios porque constantemente permanecía con su Padre en una relación de amor, confianza y obediencia. Esa es la clase de relación permanente, profunda, que Dios quiere con usted, y con nosotros, y con cada creyente en su iglesia.

Nuestra relación con Jesús, nuestra profunda y permanente relación con Él, determina la importancia de nuestro testimonio al mundo. En otras palabras, un testimonio de largo alcance requiere una relación muy cercana con Jesús. Podríamos también decir que la salud de toda otra relación depende de una relación permanente con Jesús. El aspecto más crucial de la transformación espiritual es una relación íntima, permanente y creciente con Dios.

El principio fundamental del discipulado transformador es el principio de la relación. La medida en que su iglesia manifiesta en su estilo de vida este principio, es la medida en que se producirá la transformación espiritual. Ayudar a cada creyente a entender cómo deben permanecer en Cristo, es el aspecto central de todo lo que su iglesia es y hace.

Si observamos la historia de Israel, descubrimos que cuando el rey tenía una relación íntima con Dios, la nación prosperaba; pero cuando un rey era negligente con respecto a su relación con Dios, la nación sufría. Lo mismo puede decirse hoy acerca de nuestras relaciones. Mantenga concentrado su propio interés y el de su iglesia en conocer y ser como Jesús, y todas las otras relaciones—matrimonio, familia, amistades, iglesia, trabajo, relaciones circunstanciales, comunidad y sociedad—resultarán animadas a tornarse más semejantes a Cristo.

Es posible ver el legado de esta verdad en Hechos 6, cuando los apóstoles pidieron a la iglesia que señalara a siete hombres llenos del Espíritu Santo, fe y sabiduría, para que se hicieran cargo de la pesada responsabilidad de velar por las necesidades diarias de las personas. ¿Qué hicieron los apóstoles para fortalecerse para tan enorme responsabilidad? Se dieron continuamente a *"la oración y ... el ministerio de la palabra"* (v. 4). Es obvio que los apóstoles sabían que su relación personal con Jesús era de suprema importancia para el crecimiento y la salud de la iglesia. Ellos hicieron de esa relación su prioridad. En Hechos 1.21-22, Jesús reafirmó la importancia de permanecer en Cristo como una condición para el liderazgo espiritual. Eligió reemplazar al traidor Judas con uno *"de estos hombres que han estado juntos con nosotros todo el tiempo que el Señor Jesús entraba y salía entre nosotros, comenzando desde el bautismo de Juan hasta el día en que de entre nosotros fue recibido arriba".*

Como líderes de la iglesia en el día de hoy es vital que imitemos a estos hombres, si es que hemos de pastorear nuestras iglesias hacia la transformación espiritual.

En su sermón titulado "Lo principal", el Rev. Pat Hood, de la Primera Iglesia Bautista en Smyrna, Tennessee, EE.UU. de Norteamérica, desafía a los líderes de la iglesia a la autenticidad y a la fidelidad primordial a Dios.

"Una persona nunca puede guiar a otra más allá de donde está ella misma. Por lo tanto, si mi equipo y yo deseamos guiar y desafiar a los creyentes en nuestra iglesia a proyectarse a nuevas alturas en su relación personal con Cristo, nosotros no debemos permitir que alguna cosa interfiera con nuestra propia relación personal con Jesús". [14]

No permitir que alguna cosa interfiera—una afirmación poderosa que puede cambiar totalmente la vida de su iglesia. No permita que alguna cosa interfiera en su relación con Dios, lo cual es la clave para la salud de todas las otras relaciones. Esta relación explica por qué Jesús se expresó de manera tan terminante cuando los fariseos le preguntaron: *"¿Cuál es el gran mandamiento?"*

"Amarás al Señor tu Dios con todo tu corazón, y con toda tu alma, y con toda tu mente. Este es el primero y grande mandamiento. Y el segundo es semejante: Amarás a tu prójimo como a ti mismo. De estos dos mandamientos depende toda la ley y los profetas" (Mt 22.37-40).

El proceso del discipulado transformador gira en torno a estas dos verdades relacionales. En primer lugar, la relación de permanencia en Dios de una persona debe siempre ocupar el lugar central. Segundo, todas las otras relaciones se alimentan de esa relación íntima de permanencia en Dios.

Imagine por un momento que usted, junto con cada uno de los líderes y miembros de su congregación, estuvieran dedicados a llegar a ser como Jesús. ¿Qué impacto tendría eso sobre las relaciones a su alrededor? La comunicación es una de las primeras cosas que viene a la mente. ¿Qué de escuchar lo que otros dicen? ¿Qué de relacionarse con las personas difíciles? ¿Qué de superar las viejas heridas? ¿Qué de perdonar? ¿Qué de mostrar un amor incondicional? ¿Qué de alentar a otros? ¿Que de manejar los conflictos?

En una oportunidad, John D. Rockefeller dijo: "Pagaría más por la capacidad de tratar con las personas que por cualquier otra capacidad debajo del sol". [15] Rockefeller señala algo importante: Las relaciones son algo difícil. Las relaciones sanas requieren una mezcla de honestidad, desinterés, la fuerza para confrontar a alguien, la ternura para consolar, la voluntad para ser flexible. La lista es interminable, y las exigencias no están dirigidas a los vacilantes. Por eso es tan importante que Dios llene de poder a los creyentes para hacer que las relaciones funcionen.

Jesús sabe que sin relaciones profundas, de corazón a corazón, la vida no tiene sentido. Él se concentra en las relaciones. Jesús se concentró primeramente en su relación con su Padre. Las Escrituras repetidamente señalan que Jesús se apartaba de los demás para estar con su Padre. Diariamente Jesús se concentraba en su relación con su Padre (Mr 1.35; Lc 5.16; Lc 6.12). Gracias a ser investido de ese poder, Jesús estaba en condiciones de investir de poder sus relaciones con los discípulos y sus relaciones con toda persona con quien se encontraba. Es razonable pensar que cuando los creyentes seguimos el ejemplo de Jesús, nuestras relaciones adquieren una nueva vida.

Jesús tocó los corazones de las personas con el amor de Dios porque el amor de su Padre fluía con gran fuerza en Él. Las personas anhelaban estar cerca de Jesús. La ternura y el afecto que fluían de Jesús provenían del Creador—y las personas querían que esa Fuente de vida fuese parte de sus propias vidas. ¿No es eso lo que las personas están anhelando hoy? Sí.

Leonard Sweet dice que el post-modernismo tiene hambre de relaciones.[16] Las investigaciones lo avalan. Estudios recientes señalan que existen tantos divorcios entre los creyentes como entre los incrédulos. ¿Su iglesia es parte de esta tendencia de divorcio? ¿Qué indica esto con respecto a la eficacia de su iglesia en la actualidad para lograr la transformación de las relaciones? Es obvio que la mayoría de las iglesias están fallando. Sin embargo, hay una manera de revertir estas tendencias: descartando totalmente las tendencias de moda de la psicología relacional, y enfocándonos en cambio en un discipulado transformador centrado en Cristo. Cuando llegamos a ser como Jesús, somos investidos de poder para hacer que otras relaciones funcionen y de pronto, milagrosamente, otras personas comienzan a querer ser como Jesús. Quieren cruzar el puente que salva la gran brecha entre Dios y el hombre. Quieren esa misma relación fundamental que tanto preocupa al creyente y que de manera tan evidente sostiene su vida. Quieren que ese líder los guíe a Dios.

ENTIENDA ESTO ⇨ *El corazón de este capítulo...*
El núcleo de la transformación espiritual es una relación profunda, de permanencia en Jesús. Si estamos totalmente dedicados en llegar a ser

como Jesús no nos cansaremos en el servicio a Dios. En cambio, glorificaremos continuamente a Dios en todas nuestras relaciones.

HÁGALO ALGO PERSONAL ⇨ *Cómo se aplica esto a usted y su iglesia...*

Dado que usted nunca podrá guiar a otro más allá de donde usted mismo está, no debe permitir que cosa alguna interfiera con su relación personal con Jesús. ¿En qué medida su relación personal con Jesús es más cercana hoy de lo que era hace un año? Haga una lista de las cosas en su vida que pudieran ser barreras para una relación más cercana con Jesús. ¿Cómo puede usted demostrar obediencia en esas áreas específicas que están bloqueando una relación más cercana con Jesús? ¿De qué manera su relación con Jesús ejerce influencia sobre sus relaciones con los demás?

¿Cuáles son las oportunidades que su iglesia genera para ayudar a los miembros a establecer relaciones de amor unos con otros?

¿Cuáles son las oportunidades que su iglesia genera para construir relaciones o para ejercer influencia sobre el hogar, la iglesia, el trabajo, la escuela, y la sociedad?

En las páginas 26-36 hablamos del discipulado basado en el carácter, en contraste con el basado en la actividad. ¿Su ministerio de discipulado está basado más en la actividad que en el carácter? Marque con un círculo la posición en la cual usted cree que está su iglesia. Marque sobre la recta con una X el lugar en que usted quisiera que su iglesia estuviera.

Basado en la actividad   Basado en el carácter

Debido a que su cultura cristiana basada en la actividad está tan arraigada, ¿cuáles son los cuidados que toma su iglesia para asegurarse que los miembros mantengan el orden apropiado de relaciones? (1. Primero Dios. 2. Segundo el matrimonio. 3. Tercero los hijos. 4. Cuarto el ministerio.)

¿Qué puede hacer usted como líder de la iglesia para subrayar la importancia de este orden en el ámbito de las relaciones? ¿De qué manera un claro enfoque en Jesús ayuda a mantener las cosas en el orden correcto?

¿Cuáles cambios puede usted realizar en los grupos de apoyo de su iglesia en el transcurso de los próximos seis meses para que estén más centrados en Jesús en la búsqueda de soluciones para los problemas de la vida?

PÓNGASE EN MARCHA ⇨ *Sugerencias para un discipulado "proactivo"...*

1. Pida a las personas que oren y ayunen mientras meditan en una vida centrada en Cristo (transformación espiritual) y su papel central en todas las relaciones. Busque guiar a las personas a conocer la voluntad de Dios para su iglesia. Desafíe a cada uno de los líderes en varios ministerios para que se concentren en construir y hacer crecer constantemente sus relaciones; pídales que compartan experiencias.

2. Busque testimonios que puedan compartirse acerca de vidas transformadas en personas que crecen en su desarrollo espiritual y que están dando frutos de amor, gozo, amistad y servicio.

3. Desafíe de manera regular a las personas para que entiendan que las acciones que realizan cada día deben estar fundamentadas en la relación que mantienen con Cristo.

4. Evalúe las reuniones de equipo, reuniones de diáconos, capacitación de maestros, adoración, predicación, reuniones de oración, visitación, ministerio hospitalario, etc. a la luz del principio relacional. ¿Cada una de las actividades invita a las personas a permanecer en Jesús y a conocerlo íntimamente en sus corazones? Si no es así, ¿qué podría cambiarse?

5. Pida a las personas que identifiquen la manera en que la iglesia sería diferente si la relación con Jesús fuera el aspecto más importante de la vida de la iglesia y de las personas en la comunidad.

6. Desafíe a cada uno de los líderes de los diferentes ministerios para que se concentren en construir y hacer crecer constantemente sus relaciones y pídales que intercambien sus experiencias.

Anime a aquellos a quienes usted diriige a unirse con mentores espirituales y a completar el estudio de *La mente de Cristo* por T.W. Hunt, a fin de entender mejor la manera en que Jesús manejó diversos temas relacionales: tratar con personas difíciles, superar viejas heridas, perdonar, mostrar un amor incondicional, manejar conflictos, alentarse unos a otros.

[14] Del sermón del Reverendo Pat Hood, Primera Iglesia Bautista Smyrna, Tennessee. Usado con permiso.
[15] John D. Rockefeller, *The Concise Columbia Dictionary of Quotations*, Robert Andrews, Ed. (New York, Columbia University Press, 1987) M.
[16] Leonard Sweet, *A Cup of Coffee at the Soul Café*. (Nashville: Broadman & Holman Pub. C 1998) 28-29. Todos los derechos reservados.

YO LO SEGUIRÉ

Permanecer en Jesús y seguirlo glorifica a Dios.

El principio del seguimiento:
Jesús llama a cada creyente a seguirlo.

La clave para el principio del seguimiento descansa en dos profundas palabras: *"YO SOY"*. El principio del seguimiento depende de una pregunta crucial que todo creyente debe responder: ¿Dios es soberano? En otras palabras, ¿considera usted que Él tiene gobierno y control ilimitado sobre su creación? ¿Es soberano en usted? ¿Es soberano en los creyentes de su iglesia?

Si lo es—y creemos que la Biblia así lo confirma en múltiples oportunidades—entonces ¿por qué tantos de nosotros caminamos apenas mojándonos un poco los pies? ¿Por qué somos tan reticentes a la hora de seguir a Jesús y zambullirnos en las profundidades espirituales? ¿Por qué avanzamos cautelosamente y nos conformamos con chapotear en la fe cristiana? ¿Qué nos impide sumergirnos en el discipulado transformador y seguirlo a Él? Hace dos mil años Jesús pronunció una palabra que cambió el curso de la historia: *"Sígueme"* (Mateo 4.19).

Hoy su mensaje es el mismo. Jesús llama a cada creyente a seguirlo, pero nos resistimos a ser guiados por Él. Nos aferramos con tanta fuerza a los bordes de la piscina espiritual, que nuestras manos están acalambradas. La desobediencia es la expresión máxima de nuestra naturaleza pecadora, y ello recorta la vida de nuestro crecimiento espiritual y nuestro testimonio. Con razón tantos cristianos están todavía en la piscina infantil de su viaje espiritual. Tenemos miedo de soltarnos y permitir que Dios haga de nosotros todo lo que está previsto que seamos. ¿Tenemos también temor de ser genuinamente los salvavidas de aquellos que Dios puso bajo nuestro cuidado, haciendo sonar el silbato y ordenando: "¡Todo el mundo a la parte honda, ahora!"—cuando nosotros mismos todavía no hemos entrado allí?

¿Qué quiso decir Jesús en realidad cuando pronunció esa palabra: *"Sígueme"*? ¿Qué encierra esa orden para la iglesia en nuestro tiempo y para nosotros como líderes?

Soltarnos y seguir a Jesús a las profundidades espirituales es la única manera de glorificar a Dios. Es la única manera de hacer diferente a este mundo. En Juan 15.5 Jesús dijo: *"Yo soy la vid, vosotros los pámpanos; el que permanece en mí, y yo en él, éste lleva mucho fruto; porque separados de mí nada podéis hacer".* Piense en estas palabras: *"Porque separados de mí nada podéis hacer".* Si nosotros como creyentes nos conformamos con movernos cautelosamente dentro de la fe cristiana, si intentamos chapotear con actividades, programas, métodos, y técnicas, pero no nos zambullimos en lo profundo y verdaderamente nos entregamos con todo nuestro ser a seguir a Cristo, a ser como Él, estamos muertos en el agua—y también lo está nuestro testimonio.

¿Cuál es la verdad aquí? Tenemos terror de soltarnos y entrar en lo profundo con Dios, porque no lo conocemos lo suficientemente bien como para confiar en Él. De manera que no lo obedecemos. Por supuesto, seguir a alguien encierra un riesgo: ¿Sabe el líder a dónde va? ¿Está buscando el líder lo mejor para su seguidor? ¿El líder es confiable?

Eso es lo que resulta tan desconcertante con respecto a la negativa por parte del creyente promedio de seguir a Jesús con todo su corazón. Él es el único líder a través de toda la historia que jamás defraudó a un seguidor. Nunca mintió. Nunca se equivocó. Nunca tomó una decisión egoísta que perjudicó a sus seguidores. Jesús fue un líder siervo que demostró una y otra vez con su vida—y de manera suprema con su muerte y sacrificio—que es totalmente confiable. Sin embargo, increíblemente todavía tratamos de mantenerlo a distancia. Sin duda, Dios debe lamentarse profundamente de que tantos de sus hijos se mantengan a distancia. Que tantos de nosotros lo amemos desde la parte poco profunda de la piscina espiritual, cuando Él quiere que lo conozcamos de tal manera que pueda revelarnos más plenamente su naturaleza y perfecto amor. Es la distancia que nosotros ponemos lo que nos mantiene caminando apenas con el agua a los tobillos. La realidad es que cuanto más conocemos a Dios, más confiamos en Él, y cuanto más confiamos en Él, más lo obedecemos. Entonces Dios nos lleva a un punto en que lo que Él dice deja resuelto cualquier asunto definitivamente. Es por eso que Pedro dice: *"Creced en la gracia y el conocimiento de nuestro Señor y Salvador Jesucristo".* (2 P 3.18) Pero Pablo dice también que combinemos eso con el amor: *"Alumbrando los ojos de vuestro entendimiento, para que sepáis cuál es la esperanza a que él os ha llamado"* (Ef 1.18).

Cómo experimentar el "YO SOY"
Abrir los ojos de nuestro entendimiento para seguir a Jesús y guiar a otros a seguirlo es el camino para experimentar la soberanía de Dios. A través de toda la Biblia el "YO SOY" sigue a una experiencia. Cuando

Isaac fue ofrecido como sacrificio y "YO SOY" proveyó un sustituto en la forma de un carnero enredado en una zarza, Abraham experimentó a Dios en una manera que solamente aquel que se ha zambullido en la parte profunda de la piscina puede hacerlo.

Abraham y muchos otros en la Biblia tuvieron experiencias que revelan que quien dijo: "YO SOY" es totalmente confiable. Aprendieron que "YO SOY" siempre proveerá, y que "YO SOY" es totalmente digno de ser seguido. De modo que no debemos permitir que cosa alguna se interponga en nuestro camino para seguirlo.

Dios quiere total lealtad de parte de sus hijos. Quiere que los suyos lo sigan no importa lo que venga, porque es a través de esa manera de seguirlo que Dios modela a cada creyente para conocerlo de una manera algo diferente. Él ayudó a José a conocer una dimensión de sí mismo que nunca podría haber alcanzado a descubrir a no ser por los diferentes caminos por los cuales Dios lo llevó—de las profundidades de la cárcel y de ser fiel en circunstancias difíciles, a ser exaltado y reconocido como el segundo en autoridad en un país. Dios ayudó a Pablo a ser todo lo que pudo ser, cegándolo en el camino a Damasco y encerrándolo en una cárcel de Roma. Dios también preparó a David, a los discípulos, y a María, para conocerlo a Él de una manera singular. Y nos preparará y hará crecer a cada uno de nosotros si estamos dispuestos a zambullirnos en lo profundo de la manera en que lo hicieron cada uno de estos creyentes. Dios nos preparará a fin de que reunamos las condiciones para la misión que tiene para cada uno de nosotros. Él nos hará como Jesús.

Tenga presente quién es el que manda
Aquí hay algo importante que aclarar. Es crucial que como creyentes de la parte profunda, siempre tengamos presente que nosotros somos los seguidores; Dios es quien guía. Aun estando en la parte profunda, no somos nosotros quienes ganamos a una comunidad o a un país para Él. Por el contrario, llegamos a ser la clase de personas a través de las cuales Dios puede traer al conocimiento de Él a una comunidad o un país. Distinguir entre ambos conceptos es fundamental, porque el instante en que comenzamos a pensar que somos nosotros quienes lo estamos haciendo, nos vamos al fondo. Debemos recordar que separados de Él nada podemos hacer, pero con Él, Dios puede hacer cualquier cosa a través de nosotros. (Ver Jn 15.5.)

ENTIENDA ESTO ⇨ *El corazón de este capítulo...*

Con el término *"Sígueme"* Jesús marcó para sus discípulos un sendero hacia Dios. Él quiere que los creyentes lo sigamos, no importa las circunstancias, porque es a través de esa clase de seguimiento fiel que Dios modela a cada creyente para conocerlo de una manera singular. Él recompensará cada paso de seguimiento y modelará a cada creyente para reunir las condiciones de su misión especial. El resultado será una vida que glorifique a Dios—así como lo hizo la vida de Jesús.

HÁGALO ALGO PERSONAL ⇨ *Cómo se aplica esto a usted y su iglesia...*

¿Hay algún área de su vida en la que está desobedeciendo a Dios? ¿Algún área que está reteniendo para que Él no la controle? Explique por qué usted considera que ha fallado en confiarle a Dios esta área de su vida. Frente al comprobado carácter confiable de Dios, ¿Quiere usted rendir ahora esa área de su vida que ha estado reteniendo para sí?

Describa una ocasión en la que Dios le probó de manera personal que Él es totalmente confiable y que siempre proveerá cuando usted lo sigue.

¿Qué pasos puede usted dar en el transcurso de los próximos seis meses para asumir esta disposición de seguir a Dios para beneficio de otros en su iglesia?

¿Qué porcentaje de creyentes en su iglesia realmente creen que tienen un llamado y están siendo obedientes en cumplirlo?

¿Cómo puede usted demostrar al cuerpo de su iglesia que Dios nos preparará para cumplir las condiciones de la misión personal que tiene para cada uno de nosotros? ¿De qué manera una perspectiva como esa investirá de poder su ministerio de discipulado?

PÓNGASE EN MARCHA ⇨ *Sugerencias para un discipulado "proactivo"...*

1. Como líder en su iglesia, es su responsabilidad ayudar a proveer un ambiente de sensibilidad espiritual que aliente a los creyentes a responder al llamado de Jesús a seguirlo, uno que los desafíe a cumplir con ese llamado en el cuerpo de Cristo, y uno que desarrolle sus capacidades para el servicio. Uno de los mejores primeros pasos que usted puede dar es

eliminar la distancia entre usted y los creyentes de su iglesia. Permita que ellos lo vean como otro seguidor al igual que ellos y no como un "poder" inalcanzable, con una vida espiritual que está muy por encima de la persona promedio. Si usted se ha mantenido distante de aquellos que fueron confiados a su cuidado o se ha exaltado como el líder, caiga de rodillas y pida el perdón de Dios y el perdón de aquellos a quienes se le encomendó liderar. Comprométase a comenzar a compartir con otros de manera individual—no simplemente en forma impersonal a toda la congregación—sus propias luchas personales, fracasos, y triunfos. La edificación de relaciones personales, cara a cara, era el estilo que usó Jesús para un discipulado eficaz. Es cierto, como líder de la iglesia usted no puede cultivar una relación personal con cada uno de los que está liderando, pero al imitar el estilo de Jesús usted enseña a otros a imitarlo. Esa es la clase de discipulado personalizado que forma discípulos.

2. Si aún no lo ha hecho, comience en su iglesia un club de discipulado "Pablo, Timoteo, y yo". Comprometa la participación de creyentes mayores, más maduros, para discipular a los más jóvenes, como hizo Pablo con Timoteo. Luego de un tiempo de crecimiento establecido, aliente al cristiano joven a comenzar a discipular a otro más joven que él, como pueden ser un adolescente o un niño mayor. Este club no solamente formará discípulos en su iglesia sino que formará líderes.

3. Pregunte a los líderes de su iglesia a quién están siguiendo. Preste atención a cuántos señalan al pastor, a un integrante del equipo, a un miembro de su familia o a un amigo. ¿Quiénes, o cuántos son los que identifican a Jesús como el líder? Promueva un cambio de opiniones sobre la diferencia entre seguir a Dios y seguir a diferentes líderes en la iglesia. Identifique la manera en que una iglesia sería diferente si cada uno buscara seguir a Jesús ¿En qué cambiaría el seguimiento? ¿La adoración? ¿La Escuela Dominical? ¿Cada aspecto de la iglesia?

4. Utilice esta idea de seguir a Jesús para estudiar la Biblia en relación con la manera en que los creyentes enfrentan el conflicto cuando dos seguidores están en desacuerdo. Busquen ejemplos bíblicos de seguidores que se separaron o se unieron en sus esfuerzos por seguir a Cristo.

5. Compare el seguir a Jesús con el relato del Flautista de Hamelín. ¿De qué manera es diferente?

6. En la actualidad ha surgido un modelo de liderazgo pastoral en el cual el pastor cumple las funciones de un Director Ejecutivo plenipotenciario cuyas decisiones son inapelables ¿En qué aspecto siente que el concepto de seguir a Jesús lo desafía a usted como líder a ser un "peregrino seguidor"? ¿Permitiría su iglesia que el pastor implementara este modelo? ¿De qué manera su pastor o el equipo de la iglesia describirían el principio de seguir a Jesús, en contraste con lo que debiera ser el concepto de la congregación siguiendo a Jesús?

7. Estudie cada pasaje bíblico que incluya la palabra "seguir". Identifique cada manera pública o privada en la que su iglesia ha invitado a las personas a seguir a Cristo. ¿Se hace solamente en las invitaciones? ¿En qué otras ocasiones y lugares? Examine todas las actividades que lleva a cabo su iglesia. ¿En qué proporción de ellas se llama a las personas a seguir a Jesús?

8. ¿Qué es lo que su iglesia haría de diferente manera si cada uno se viera a sí mismo como una persona que está buscando seguir a Jesús? Si cada persona en su iglesia o su comunidad siguiera a Jesús, ¿a dónde los llevaría eso?

9. ¿Hacia dónde va su iglesia? ¿Cuántas personas relacionan sus ministerios personales con seguir a Jesús? ¿Cuántos maestros, diáconos, comités de su iglesia, podrían decir que están sirviendo donde se hallan, a partir de haber experimentado el llamado de seguirlo a Él?

10. Conduzca caminatas de oración semanales entrando a cada lugar dentro de las instalaciones de la iglesia. Pida a personas que oren para que aquellos que entran al templo, las aulas, salones diversos, oficinas, sitio de estacionamiento, y cualquier otro lugar de la iglesia lleguen a conocer, amar, confiar, y obedecer a Dios como lo hizo Jesús.

USTED TIENE EL PODER

> **El principio de ser investidos de poder:**
> Los creyentes necesitan ser investidos de poder para servir.

Cuando permanecemos en Jesús, Él nos reviste de poder para hacer que las otras relaciones funcionen.

La NASA realiza enormes inversiones de dinero, tiempo y energías con el propósito de equipar y capacitar a los astronautas para una misión exitosa. En el transcurso de su misión, los astronautas son guiados por las manos invisibles de los ingenieros de la NASA en tierra. Estas "manos invisibles", combinadas con astronautas bien preparados—a quienes se les confía la enorme responsabilidad y autoridad de actuar—crean una tripulación de la nave espacial investida de poder y capaz de llevar a cabo con éxito la misión propuesta.

De igual modo, los creyentes deben ser investidos de poder para realizar la más grande de las misiones: llevar el evangelio a todas las naciones y hacer discípulos.

Mientras estaba sobre la tierra Jesús invistió de poder a sus seguidores con su presencia diaria. Pero cuando regresó a su Padre en el cielo, no abandonó a quienes necesitaban de su incesante guía. Continuó invistiendo de poder a sus discípulos, no con su presencia física sino con su presencia espiritual, el Espíritu Santo: *"Pero recibiréis poder, cuando haya venido sobre vosotros el Espíritu Santo, y me seréis testigos en Jerusalén, en toda Judea, en Samaria, y hasta lo último de la tierra"* (Hch1.8).

El Espíritu Santo, la presencia de Jesús habitando en un discípulo de Cristo, invistió de poder a los primeros discípulos y continúa haciendo lo mismo con cada seguidor de Jesucristo en la actualidad. Eso significa que Él habita constantemente con nosotros proveyéndonos poder inagotable, perspectiva y dirección para la misión claramente establecida que todos tenemos en común: hacer discípulos hasta lo último de la tierra.

Jesús modela el ser investido de poder
Observemos con detenimiento la manera en que Jesús invistió de poder a sus discípulos, mientras buscamos discipular a líderes siervos en nuestras iglesias, que dependan de su poder.

En su libro *El liderazgo de Jesús, Cómo ser un líder servidor,* Gene Wilkes describe el liderazgo de Jesús. Wilkes demuestra cómo Jesús se preocupó de que sus discípulos entendieran tanto la responsabilidad como la autoridad que estaba compartiendo con ellos.

Jesús compartió con sus discípulos la responsabilidad de llevar el amor de Dios a todas las naciones. Esa responsabilidad se convirtió en la misión de ellos. ¡Era inmensa! ¡Once hombres para hacer discípulos en todos los grupos étnicos! ¿Cómo sería posible eso? ¿Cómo hizo Jesús, en su condición de líder de esta misión eterna, para investir de poder a su equipo de once a fin de que llevaran a cabo este objetivo tan audaz...? En primer lugar, Jesús ya había aceptado la responsabilidad de alcanzar a todas las naciones con el amor de Dios. Sus enseñanzas y acciones a través de su vida pusieron de manifiesto su obediencia a la voluntad del padre celestial. Cuando Jesús llamó a los discípulos a su lado sobre la ladera de una montaña y los comisionó para continuar esa misión, no estaba renunciando a su propia responsabilidad ante ella estaba compartiendo esa responsabilidad. Los líderes siervos siguen siendo responsables por la misión aún cuando recluten a otros para completarla.

Sin embargo, Jesús no compartió solamente su responsabilidad; compartió también su autoridad. *La responsabilidad sin autoridad inhabilita a los seguidores en lugar de investirlos de poder.* Si usted dice: "Por favor ayúdeme haciendo esto y esto, pero no tome decisiones sin consultarme", usted no ha investido de poder a la persona; usted la ha esclavizado. Kennon Callahan nos recuerda que debe existir un equilibrio entre autoridad delegada y responsabilidad. "Más autoridad y menos responsabilidades ayudan a las personas a crecer en su liderazgo; menos autoridad y más responsabilidades ayudan a las personas a desarrollar una actitud pasiva". [17]

Jesús siguió siendo el director de la misión de su padre, pero habilitó a otros para llevarla a cabo compartiendo con ellos su autoridad. Hizo esto cuando dijo a sus discípulos de todas las generaciones: *"Toda potestad me es dada en el cielo y en la tierra. Por tanto, id, y haced discípulos"* (Mt 28.18-19). [18]

Jesús guió a sus discípulos desde la perspectiva de que cada creyente es un poderoso ministro. Compartió con ellos su responsabilidad y su autoridad. Los discípulos aprendieron que podían servir y realizar milagros en el nombre de Jesús como resultado de su relación con Él. Pudieron hacer más de lo que Jesús hizo porque Él compartió con ellos la responsabilidad y la autoridad para hacer esas cosas. Eso es investir de poder.

¿Su iglesia está permitiendo el servicio de creyentes investidos de poder? La iglesia debe alimentar un medio en el que los creyentes sean investidos de poder con base en la verdad de que el Espíritu Santo es la presencia de Dios que habita en medio de su pueblo dando poder a la iglesia para formar líderes siervos que dependan del poder de Él. El principio de ser investido de poder está en total armonía con el propósito de Dios para el cuerpo de Cristo. Efesios 1.22-23 expresa claramente que la iglesia existe por causa de Jesucristo. Y Romanos 12.4-6a dice: *"Porque de la manera que en un cuerpo tenemos muchos miembros, pero no todos los miembros tienen la misma función, así nosotros, siendo muchos, somos un cuerpo en Cristo, y todos miembros los unos de los otros. De manera que, teniendo diferentes dones, según la gracia que nos es dada"...*

Este pasaje dice, en parte, que en un medio centrado en Cristo los creyentes usan sus dones espirituales para investir de poder a otros en sus propios procesos de llegar a ser más parecidos a Jesús. Por ejemplo, aquellos que no tienen el don de la misericordia, todavía están llamados a ser misericordiosos—¿y quién está en mejores condiciones de enseñarles y capacitarlos, que aquel que tiene ese don?

Efesios 4.11-16 ilustra la expansión del impacto de ser investidos de poder. *"Y él mismo constituyó a unos, apóstoles; a otros, profetas; a otros, evangelistas; a otros, pastores y maestros, a fin de perfeccionar a los santos para la obra del ministerio, para la edificación del cuerpo de Cristo, hasta que todos lleguemos a la unidad de la fe y del conocimiento del Hijo de Dios, a un varón perfecto, a la medida de la estatura de la plenitud de Cristo; para que ya no seamos niños fluctuantes, llevados por doquiera de todo viento de doctrina, por estratagema de hombres que para engañar emplean con astucia las artimañas del error, sino que siguiendo la verdad en amor, crezcamos en todo en aquel que es la cabeza, esto es, Cristo, de quien todo el cuerpo, bien concertado y unido entre sí por todas las coyunturas que se ayudan mutuamente, según la actividad propia de cada miembro, recibe su crecimiento para ir edificándose en amor".*

El poder de este pasaje está concentrado en los versículos 15 y 16: *"que ...crezcamos en todo en aquel que es la cabeza, esto es, Cristo, de quien todo el cuerpo...recibe su crecimiento para ir edificándose"...*

Una vez más vemos a Jesús como la relación primera y fundamental de cada creyente, el núcleo de la iglesia, el foco principal, la fuente para ser investidos de poder. Y para ser exitosas, todas las demás relaciones deben emanar de esa relación central con Él. En consecuencia, el éxito del ministerio de discipulado de su iglesia debe emanar de un enfoque central: llegar a ser como Jesús. Debe estar investido de poder por Él.

La expansión del impacto de ser investidos de poder

Como líderes de iglesia estamos en la posición de investir a otros de poder para realizar el ministerio de la iglesia y llevar a cabo la Gran Comisión. De la misma manera en que el carácter de Cristo modeló e invistió de poder a sus primeros discípulos, el carácter de Cristo inviste de poder a aquellos que nosotros tratamos de pastorear.

Mientras Jesús vivió en la tierra, modeló para sus seguidores las importantes características de la honestidad, la visión, el ser competente, y la inspiración. Así como Cristo modeló estas características de las relaciones auténticas, nosotros como líderes de iglesia también debemos reflejarlas y modelarlas si es que hemos de alentar a los miembros de nuestras congregaciones a identificarse con el deseo de Cristo de que hagamos discípulos.

Una palabra de advertencia. No se sorprenda si alguno no entiende el propósito de una visión de discipulado para su iglesia. En Hechos 16.10, vemos que Pablo tuvo una visión que lo invitó a ir a Macedonia. Esto sucedió después de varios intentos fallidos para ir a otros lugares (Hechos 16.6-8). *"Cuando vio la visión, en seguida procuramos partir para Macedonia"*. Pablo pudo compartir su visión de manera tal que otros respondieron a la presencia y a la acción del Espíritu Santo. Eso es lo que usted como líder de iglesia debe hacer, si ha de pastorear el ministerio de discipulado transformador de su iglesia. Debe compartir su visión y permitir que el Espíritu Santo trabaje en los corazones y controle las oportunidades.

Capacitación sobre la marcha

A través de las Escrituras vemos que Cristo eligió a personas comunes y les encargó responsabilidades de ministerio, y luego desarrolló el carácter de ellas sobre la marcha. Al leer la Biblia, uno descubre algunos rasgos de carácter no tan agradables en las vidas de los discípulos. Tomemos por ejemplo a Santiago y Juan, que quisieron sentarse junto a Jesús, o a Pedro, que era impulsivo y testarudo. Sin embargo, éstos eran precisamente los hombres a quienes el Salvador confió su ministerio. Eso dice mucho acerca de la enorme inversión de tiempo y energías que Jesús estaba dispuesto a hacer a fin de capacitar y equipar a estos discípulos para la tarea. Si Jesús creía en investir de poder a personas comunes, ¿no debiéramos nosotros reconocer su forma de actuar cuando hace lo mismo con los miembros de nuestra iglesia?

El sistema de ser investidos de poder como resultado de seguir a Jesús
El método de capacitación de Jesús surgía directamente de su estilo de vida y estaba directamente relacionado con su mandato: *Venid en pos de mí, y haré que seáis pescadores de hombres"* (Mr 1.17). Jesús explicó claramente y por adelantado su visión para los discípulos. Luego se ocupó de investirlos de poder a fin de que alcanzaran esa visión, a través de un modelo de capacitación para el discipulado, de cinco puntos, cuya simplicidad confundió a los estudiosos y cuya eficacia cambió al mundo. Esta es la secuencia:

1. Yo hago, ustedes observan.
2. Yo hago, ustedes ayudan (participación limitada).
3. Ustedes hacen, yo ayudo.
4. Ustedes hacen, yo observo.
5. Ustedes hacen, otro observa.

El apóstol Pablo proporciona un notable estudio sobre un discípulo de Cristo que emuló eficazmente este método de capacitación de cinco puntos para investir de poder a otros discípulos. En Hechos 18 se nos relata el caso de Aquila y Priscila, fabricantes de tiendas a quienes Pablo conoció en Corinto, y que llegaron a compartir la meta de Pablo de hablar de Cristo a todas las naciones. El evangelio de Lucas nos dice que Pablo *"se quedó con ellos, y trabajaban juntos"* (v. 3), cumpliendo adecuadamente las dos primeras etapas de la capacitación a través del discipulado. El matrimonio luego acompañó a Pablo al salir de Corinto y continuar su trabajo misionero en otros lugares. El resto del relato de las Escrituras nos llevan a pensar que Pablo dedicó muchísimo tiempo a estos dos creyentes, capacitándolos para hacer la obra de Dios. Investiéndolos de poder para hacerla.

Con el tiempo, Pablo entendió que esta pareja ya estaba en condiciones de ayudar a guiar a otros. De manera que los dejó para que aportaran al crecimiento de la iglesia en Éfeso, con la tranquilidad de saber que los había preparado y capacitado para el ministerio que habían sido llamados a realizar—y a realizar bien. Los había investido de poder para que ellos hicieran lo mismo con otros.

En su libro *El liderazgo de Jesús, Cómo ser un líder servidor,* Gene Wilkes destaca que para seguir el modelo de capacitación de Pablo uno debe...

1. Enseñar y modelar el evangelio mientras vive y trabaja con otros creyentes.
2. Invitar a otros a unirse a su equipo de ministerio cuando ve que pueden contribuir al objetivo de su misión.
3. Permitirles lanzarse al ministerio por su cuenta y formar sus propios equipos ministeriales.

Wilkes agrega: "Si los integrantes del equipo no están investidos de poder, el líder hace todo el trabajo". [19]

¡Epa! ¿Están usted y unos pocos más haciendo todo el trabajo en su iglesia? No debiera ser de esa manera. Jesús modeló para cada creyente la manera de ser investido de poder para guiar a otros al corazón de Dios. Cada creyente está llamado a seguir. Cada creyente está llamado a hacer discípulos. La transformación espiritual demostrada haciendo discípulos es la norma de Dios para los creyentes, no la excepción. Dios espera que todos los creyentes lleguen a ser como Jesús—y todos tienen la oportunidad de hacerlo.

Como líder, es su responsabilidad ocuparse de que otros en su iglesia estén preparados para hacer discípulos. Es la única manera en que un ministerio de discipulado puede reproducirse y multiplicarse. La obediencia a la Gran Comisión es el punto de comienzo de la capacitación para el liderazgo, y también para su desarrollo. ¿Está usted dispuesto a ser obediente, a soltar el férreo control de las riendas, y procurar diariamente equipar, capacitar y permitir a otros tomar esas riendas? ¿Está usted dispuesto a alentarlos a llegar a ser como Jesús y a guiar a otros al corazón de Dios? Jesús lo llama a la obediencia. Déjese guiar por Él. Haga discípulos que, a su vez, hagan aún más discípulos. Es un efecto multiplicador que cumple el mandato de Aquel que todavía es el director de la misión de su Padre, pero que da poder a sus discípulos junto con responsabilidad y autoridad compartidas: *"Y me seréis testigos...hasta lo último de la tierra"* (Hch 1.8)

ENTIENDA ESTO ⇨ *El corazón de este capítulo...*
Jesús guió a sus discípulos desde la perspectiva de que cada creyente es un

poderoso ministro. En el transcurso de sus tres años y medio de ministerio sobre la tierra, Jesús preparó a sus discípulos para llevar a cabo la gran comisión. Lo hizo con su presencia personal. Compartió su responsabilidad de llevar el amor de Dios a todas las personas, y compartió su autoridad para hacerlo. Hoy, a través del Espíritu Santo que habita en los creyentes, Jesús sigue investiéndolos de poder al compartirles su responsabilidad y su autoridad. Los líderes de iglesias están llamados a asignar responsabilidad y autoridad a los creyentes para hacer discípulos. Es la fórmula de multiplicación de Jesús mismo.

HÁGALO ALGO PERSONAL ⇨ *Cómo se aplica esto a usted y su iglesia...*

El liderazgo afianzará o destruirá su ministerio de discipulado. Si cada creyente debe desarrollar un ministerio, ¿cuáles son los pasos que normalmente da su iglesia para identificar, reclutar y desarrollar a las personas a fin de que lleguen a ser líderes (no simplemente los obreros y maestros, sino todos los creyentes)?

¿Cómo puede usted reorganizar su agenda para centrar su atención en la formación de discípulos y el desarrollo de líderes?

Si usted cree que su iglesia es parte de la obra de Dios para que vidas sean transformadas espiritualmente, ¿cómo diría que su congregación le ayudó a vivir su fe en la iglesia, el trabajo, el hogar, la escuela, y la sociedad? ¿Cómo responderían otros a la pregunta siendo honestos con usted?

¿Qué pasos puede tomar durante el próximo año para comenzar a implementar el sistema que usó Jesús para investir de poder?
    1. Yo hago, ustedes observan.
    2. Yo hago, ustedes ayudan (participación limitada).
    3. Ustedes hacen, yo ayudo.
    4. Ustedes hacen, yo observo.
    5. Ustedes hacen, otro observa.

Escriba los nombres de 2 o 3 personas que trabajan con usted y que a su juicio están en alguno de los cinco pasos en el sistema de capacitación. ¿Quién está listo para pasar a la próxima etapa?

¿Cuáles pasos puede usted dar para asignar tanto responsabilidad como autoridad a otros en su iglesia para que hagan discípulos?

PÓNGASE EN MARCHA ⇨ *Sugerencias para un discipulado "proactivo"...*

1. Produzca una declaración de la visión del discipulado transformador junto con un plan amplio para la formación de líderes en su iglesia.

2. Complete el curso *El liderazgo de Jesús, Cómo ser un líder servidor*, de Gene Wilkes, junto con otros líderes de su iglesia para comenzar decididamente su programa de desarrollo de liderazgo.

3. En las páginas 75-76 se señalaron algunos rasgos característicos de las personas en general. ¿Cuáles son los rasgos de carácter en su iglesia que podrían constituir un obstáculo para implementar el discipulado transformador?

4. Revise los papeles que desempeñan las personas que asisten a su iglesia, en términos de quiénes dirían que se sienten preparados para un ministerio (no simplemente un trabajo para la iglesia). Ore para que Dios le dé 8-12 personas preparadas para entender lo que significa ser investidos de poder a través del Espíritu Santo, y dispuestas a formar líderes entregándoles su propio ministerio y preparando a otros para servir.

5. Una gran parte de este capítulo habla acerca de entregar a otros responsabilidad y autoridad con espíritu de renunciamiento. ¿A cuántos de los líderes claves de su iglesia, incluyéndolo a usted, les resulta difícil asumir un espíritu de renunciamiento en la entrega de su ministerio a otros? En una escala de uno a diez, ¿cuál es la importancia del tema del control? ¿Estarían usted y los otros creyentes de su iglesia dispuestos a renunciar al liderazgo si esto resultara de provecho para el reino?

6. La manera en que usted responda a estas dos últimas ideas determinará el tiempo que tomará desarrollar un concepto de transformación espiritual y guiar a su iglesia al discipulado transformador.

7. Muchas congregaciones crearon programas para llevar a cabo la función de la iglesia. ¿De qué manera estos programas ayudaron a transformar a personas y culturas? ¿De qué maneras obstaculizaron la transformación?

¿Cómo podría su ministerio ser diferente?

8. Pregunte a un grupo de sus líderes de qué manera reciben poder de Cristo Use sus respuestas para desafiarlos a identificar y modelar la presencia de Cristo en sus vidas.

---

[17] Kennon L. Callahan, *Effective Church Leadership* (New York: Harper and Row, 1990), 157.
[18] C. Gene Wilkes, *Jesus on Leadership: Discovering the Secret of Servant Leadership from the Life of Chirst* (Nashville: LifeWay Press, 1998) 180-182.
[19] C. Gene Wilkes, *Jesus on Leadership, Becoming a Servant Leader* (Nashville: LifeWay Press, 1996) 109, 112.

ESTA ES SU VIDA

> **El principio del estilo de vida:**
> Los creyentes transformados expresan con naturalidad en la vida diaria los ejemplos y enseñanzas bíblicas.

Un joven soldado, proveniente de una familia de pescadores de la ribera del Lago Pontchartrain, habla de la esforzada vida de su padre.

"Mi padre era un cristiano. No importaba cuán duro pudiera ser sostener la familia con la pesca, nunca dejaba de darle a Dios el crédito por cualquier cosa buena que viniera, y tenía la plena certidumbre de fe, que Dios proveería para nosotros cuando las cosas fueran difíciles. Durante mi adolescencia, yo no prestaba demasiada atención a sus esfuerzos por llevarme a la fe en Cristo. Pero después que papá murió, asistí a la iglesia y oí cómo el pastor describía a Jesús y contaba aspectos de su vida. Yo estaba sorprendido, conmovido; porque me di cuenta que ya había conocido a un hombre así—mi papá". [20]

Conocer a "papá" era como conocer a Jesús. A través del poder transformador de Dios, el pescador llegó a ser como Jesús—y al hacerlo, tocó el corazón de su propio hijo. Dios llevó a otros al conocimiento de Él a través de la vida diaria de este sencillo pescador. Su relación íntima con Jesús daba testimonio del amor de Jesús. Cuando los hijos, la esposa los amigos—o aun alguien totalmente desconocido se relacionaban con él, estaban en la presencia de Jesús. Se sentían cerca a Él a través del testimonio diario del pescador. Su vida—y las cosas que contaba de ella—hablaban a las claras quién vivía en su corazón.

Cuando Jesús comienza a manifestar su vida a través de un creyente transformado, lo cambia todo, y a todo aquel con quien ese creyente se relaciona. Dios usa corazones transformados para cambiar para siempre a hijos, cónyuges, amigos—y hasta desconocidos con quienes uno se cruza por la calle. Así como usó al viejo pescador, Dios lo usará a usted y a otros creyentes en su iglesia para señalar el camino para que otros lo conozcan a Él—si es que están dispuestos a entregar sus corazones a la vida transformada.

Los creyentes transformados honran de manera natural el nombre de Dios, expresando con naturalidad los ejemplos y enseñanzas bíblicas en la vida diaria. No hay separación de "iglesia y estado" para el creyente transformado; todas las cosas se ven desde la óptica de las Escrituras y todas las acciones se miden con el patrón: "¿Cómo afectará esto mi relación con Jesús?"

Una característica clave de un discípulo es el habitar (permanecer) en Dios, lo cual se expresa de manera natural en la vida diaria.

El estilo de vida se convierte en una oportunidad diaria de dar testimonio de que somos los hijos de Dios. *"Es quién eres y la manera en que vives, lo que cuenta delante de Dios"* (1 Jn 4.23, The MESSAGE).

La mayor parte de las Escrituras contiene testimonios tras testimonios de diferentes personas, comunes y sencillas, que honraron el nombre de Dios con sus estilos de vida. Aquila y Priscila fueron fabricantes de tiendas por oficio y testigos de Dios por convicción. Mientras trabajaban fabricando tiendas expresaban con naturalidad a sus amigos, familiares, y aun a desconocidos lo que Dios estaba haciendo en sus vidas. (¡Seguramente tendrían muchas experiencias interesantes para contar con respecto a sus viajes con una persona como Pablo!)

Aquila y Priscila entretejían la fibra de Jesús en las vidas de todos aquellos a quienes llegaban a conocer. Hacer discípulos era su verdadera profesión, no la de fabricar tiendas. Proyectaban de una manera poderosa su transformación espiritual interna.

Cada creyente, más allá de su edad o de su tiempo como cristiano, es un tesoro único de Dios con una historia personal que compartir con otros. Uno de los papeles de la iglesia es animar a sus creyentes a salir de su encierro y compartir con naturalidad sus historias espirituales con familiares, amigos, conocidos, y desconocidos. La mejor manera de llevar a cabo esta acción de compartir está en nuestras conversaciones y en los acontecimientos de todos los días. La conversación que habla grandezas rara vez es tan eficaz como una conversación íntima. Lo que para uno puede parecer una experiencia intrascendente, puede abrir el corazón hermético de otro. Es en la *"vida normal, la de todos los días— su dormir, comer, ir a trabajar, y el ocuparse en las cosas de la vida"* (Ro 12.1, The MESSAGE) que los creyentes experimentan a Dios. Y es al compartir estas experiencias diarias que los creyentes ayudan a otros a experimentar a Dios también.

El abuelo que mientras camina con su nieto por el bosque le habla de la creación de Dios, está usando un momento sencillo de la vida para hacer un discípulo. La madre que al dar el beso de las buenas noches a su hija le cuenta una experiencia acerca de la manera en que Dios la protegió del peligro cuando era niña, está haciendo un discípulo. El que acompaña a un amigo en el momento de crisis, y comparte palabras de aliento y versículos bíblicos, está haciendo un discípulo. El viejo pescador que alababa a Dios ya sea que sus redes estuviesen llenas o vacías, estaba haciendo un discípulo de su hijo. Estos momentos sencillos y comunes de la vida impactan al mundo para Jesús y glorifican a Dios. No son gestos destinados a impresionar, sino la expresión natural de Jesús exteriorizando su vida en personas comunes. Son acontecimientos comunes y corrientes con un impacto extraordinario.

Compartir nuestro testimonio para Cristo no debe limitarse a discursos de cinco minutos delante de un grupo de personas. En la vida del creyente transformado espiritualmente, el testimonio es una comunicación constante que habla por medio de la vida que el creyente vive y de las cosas que cuenta cada día. Para el creyente transformado, el estilo de vida cristiano no es un esfuerzo; es un honor.

"Y estas palabras que yo te mando hoy, estarán sobre tu corazón; y las repetirás a tus hijos, y hablarás de ellas estando en tu casa, y andando por el camino, y al acostarte, y cuando te levantes" (Dt 6.6-7).

ENTIENDA ESTO ⇨ *El corazón de este capítulo...*
Los creyentes transformados honran de manera natural el nombre de Dios en la vida diaria, expresando con naturalidad los ejemplos y enseñanzas bíblicas. No hay separación de "iglesia y estado" para el creyente transformado; todas las cosas se ven desde la óptica de las Escrituras y todas las acciones se miden con el patrón: "¿Cómo afectará esto mi relación con Jesús?" El estilo de vida se convierte en una oportunidad diaria de dar testimonio de que somos los hijos de Dios.

HÁGALO ALGO PERSONAL ⇨ *Cómo se aplica esto a usted y su iglesia...*
¿Quién ha sido un modelo de desempeño espiritual para su ministerio? ¿De qué manera el estilo de vida de esta persona refleja su relación con Jesús? ¿Cómo comunicó esta persona a usted y a otros la experiencia de su caminar en fe?

Piense en cinco personas con quienes puede compartir durante este mes su propia experiencia de caminar en fe. Aliente a los que participan en grupos pequeños en su iglesia a compartir también con cinco personas en este mes sus experiencias de caminar en fe. Esta manera de compartir, no solamente ayudará a los que comparten a ver las evidencias de la transformación en sus vidas, sino que será también un testimonio del poder de Dios para otros.

PÓNGASE EN MARCHA ⇨ *Sugerencias para un discipulado "proactivo" ...*

1. Cada creyente, más allá de su edad o de su tiempo como cristiano, es un tesoro único de Dios con una historia personal para compartir, una singular y especial herramienta de discipulado. En consecuencia, uno de los papeles de la iglesia es animar a sus creyentes a salir de su encierro y compartir con naturalidad lo que Dios ha hecho con su familia, amigos, conocidos y desconocidos.

2. Una manera de alentar esta forma de compartir es incorporando los grupos pequeños a la estructura de su iglesia. Capacite a líderes de grupo para que al final de cada encuentro de grupo pequeño, tengan un tiempo en el que los miembros puedan compartir experiencias personales de la obra de Dios en sus vidas.

3. Desafíe a cada grupo a llevar un libro de testimonios en el que por turno los miembros registren sus experiencias en forma escrita. Haga que varias veces en el año cada líder de grupo elija experiencias de su libro para compartirlas en un culto especial con otros grupos pequeños. Los líderes debieran alentar a los miembros a compartir sus experiencias con otros fuera de su grupo pequeño.

4. Como cuerpo de iglesia, memoricen Deuteronomio 6.6-7 para que a la luz de estos versículos compartan experiencias personales de fe y esperanza.

5. Pida a todos los maestros de Escuela Dominical que animen a sus alumnos a compartir experiencias personales en clase. Esta es una herramienta de discipulado especialmente eficaz para niños y adolescentes. Los maestros también pueden alentarlos a llevar un diario, como un registro personal del obrar de Dios en la vida de cada creyente.

6. Distribuya tarjetas entre todos los asistentes a un culto o reunión de oración. Pídales que escriban un breve mensaje de confirmación a una persona que vive diariamente su experiencia de fe. Pídales que entreguen personalmente o por correo su mensaje en algún momento de la semana.

7. Pida a la congregación que comparta ejemplos bíblicos favoritos de personas que vivieron su fe integrada a su vida diaria y que digan de qué manera eso las ha alentado.

8. En el transcurso de varias semanas entreviste a personas destacadas que son modelos de fe en su comunidad.

9. Entreviste a personas que podrían compartir testimonios de otros que han compartido ejemplos bíblicos o demostraron su fe a través de su estilo de vida.

10. Pida a un padre y/o una madre que hablen de lo que esperan que los maestros de la iglesia enseñen a sus hijos.

11. Haga un repaso de los acontecimientos normales en la vida de una persona (nacimiento, escuela, trabajo, ascensos en el trabajo, crisis económicas, casamiento, hijos que se van de la casa, muerte, etc.). Pida a un grupo de líderes claves que oren acerca de la manera en que su iglesia puede ministrar a estas personas y sus familias en estas diversas circunstancias.

[20] Tal como fuera narrado por Ralph Hodge, LifeWay Chiristian Resources, Nashville, Tennessee.

HONRAR EL NOMBRE

> **Dios creó grupos naturales de rendición de cuentas para ayudar al creyente a centrar su objetivo en llegar a ser como Jesús.**

El principio de rendir cuentas:
Cada creyente es responsable delante de Dios.

Una antigua historia habla de un soldado rebelde e indisciplinado que es presentado ante el comandante de su división por problemas de conducta. Mientras el joven estaba de rodillas y temblando, el líder le pregunta su nombre. Cuando contesta, el líder explota en un acceso de ira para con el joven soldado.

"¡Hijo! ¡Tu apellido es también el mío, y porque mi nombre es igual que el tuyo, tus acciones me deshonran! ¡Tienes dos opciones: o cambias tu nombre o cambias tu vida!"

Este joven soldado aprendió una lección importante. Cuando uno lleva el nombre de otro, todo lo que hace trae honra o vergüenza a ese nombre. Como creyentes llevamos el nombre de Jesús; por lo tanto es vital que honremos su nombre con nuestras acciones y actitudes diarias. Es vital que tomemos en serio el encargo de hacer discípulos. Porque debemos rendir cuentas a Dios.

La medida del discipulado es el grado en el que un creyente es como Jesús en sus actitudes, conducta, y relaciones. En Romanos 14.12 la Biblia dice: *"De manera que cada uno de nosotros dará a Dios cuenta de sí"*. De manera que aquí estamos como hijos de Dios, compartiendo su nombre, y trayéndole ya sea vergüenza o gloria. No es poca responsabilidad. Exige una consagración a amar, confiar, y obedecer como hizo Jesús.

La vida de Jesús honró y glorificó a Dios. Ni una sola vez avergonzó Jesús el nombre de su Padre. Probablemente ni nos demos cuenta de todas las oportunidades en que deshonramos a Dios. Oh sí, podremos recordar los momentos muy feos; las situaciones flagrantes. Pero hay tantas cosas que elegimos no tomar en cuenta—parásitos pecaminosos que se prenden a nuestras vidas y avergüenzan el nombre de Dios. Por ejemplo, avergonzamos el nombre de Dios cuando lo usamos de manera vana, casual, o cuando estamos sorprendidos o distraídos. El tercer mandamiento dice: *"No tomarás el nombre de Jehová tu Dios en vano; porque no dará por inocente Jehová al que tomare su nombre en vano"* (Ex 20.7). Somos responsables delante de Dios cuando usamos su santo nombre de una manera insubstancial. Somos responsables ante Él de proferirlo únicamente con reverencia, respeto, en adoración y temor reverente.

También deshonramos el nombre de Dios cuando a causa de nuestro mal genio hacemos una escena al tener que esperar en una larga fila en un supermercado, cuando expresamos enojo descontrolado al estar conduciendo, cuando egoístamente ignoramos a otro que está en necesidad, o cuando pensamos más en la copa de la Cena del Señor que en adorar al Señor. Por último, deshonramos el nombre de Dios cuando no obedecemos el principal encargo de Dios para nosotros como creyentes: hacer discípulos. Estas acciones deshonrosas no son el estilo de Jesús. Son el estilo del hombre pecador. Jesús no se puso a gritar en el supermercado porque había pocas cajas en funcionamiento. Jesús no empujaba a los demás fuera de su camino cuando no viajaban de acuerdo con su apuro. Jesús no le gritó: "¡Búscate un trabajo!" al desamparado que mendigaba por la calle. Jesús no salteaba su tiempo con el Padre para mirar los juegos romanos. Y por cierto Jesús no permitió que cosa alguna lo apartara de su misión de hacer discípulos. Jesús obedeció a su Padre y de esta manera honró y glorificó el nombre de su Padre. Nosotros estamos llamados a hacer lo mismo—y cuando no lo hacemos Dios nos hace responsables de rendir cuentas por todas y cada instancia de desobediencia.

Una de las cosas más importantes que debe hacer una iglesia es enseñar a los creyentes a obedecer todo lo que Jesús mandó y a vivir y honrar el nombre de Dios como Él lo hizo (Mt 28.20). Al enseñar obediencia, la iglesia enseña de manera natural el principio de rendir cuentas.

Aunque los creyentes son responsables delante de Dios, Dios usa a la iglesia, al cónyuge, a otros integrantes de la familia, amigos, y otros creyentes, para mantenernos unos a otros conscientes de nuestra responsabilidad de rendir cuentas a Él. En esencia, Dios creó grupos naturales de rendición de cuentas para ayudar al creyente a centrar su objetivo en llegar a ser como Jesús. Estos grupos naturales de rendición de cuentas ayudan al creyente a poner a Dios en primer lugar y a honrar su nombre—no por temor a ser reprendidos, sino por amor y respeto—tal como hizo Jesús. "*Amarás al Señor tu Dios con todo tu corazón, y con toda tu alma, y con todas tus fuerzas, y con toda tu mente; y a tu prójimo como a ti mismo*" (Lc 10.27).

ENTIENDA ESTO ⇨ *El corazón de este capítulo...*
La medida del discipulado es el grado en el que un creyente es como Jesús en sus actitudes, conducta y relaciones. En Romanos 14.12 la Biblia dice:

"De manera que cada uno de nosotros dará a Dios cuenta de sí". Como creyentes llevamos el nombre de Dios; por lo tanto es vital que honremos su nombre con nuestras acciones y actitudes diarias. Es vital que tomemos en serio el encargo de hacer discípulos. Porque debemos rendir cuentas a Dios por todo lo que hacemos—y todo lo que no hacemos.

HÁGALO ALGO PERSONAL ⇨ *Cómo se aplica esto a usted y su iglesia...*
¿Que dispositivos de seguridad para la rendición de cuentas tiene usted a su alrededor como líder de la iglesia? ¿Ante quién rinde usted cuentas?

¿De qué manera alienta su iglesia la actitud responsable en los miembros, de honrar el nombre de Dios en las acciones y actitudes diarias, y de hacer discípulos como algo natural en la vida cotidiana?

PÓNGASE EN MARCHA ⇨ *Sugerencias para un discipulado "proactivo"...*
1. Una de las cosas más importantes que debe hacer una iglesia es enseñar a los creyentes a obedecer todo lo que Jesús mandó, a vivir y honrar el nombre de Dios como Él lo hizo. Al enseñar obediencia, su iglesia enseña de manera natural el principio de rendir cuentas. ¿Cómo pueden usted y otros líderes ser modelos de obediencia para el cuerpo de la iglesia?

2. Aunque los creyentes son responsables delante de Dios, Dios usa a la iglesia, al cónyuge, a otros integrantes de la familia, amigos, y otros creyentes, para mantenernos unos a otros conscientes de nuestra responsabilidad de rendir cuentas a Él. En esencia Dios creó grupos naturales de rendición de cuentas para ayudar al creyente a centrar su objetivo en llegar a ser como Jesús. Desarrolle un módulo de enseñanza sobre la responsabilidad de rendir cuentas, que enseñe a los creyentes en su iglesia la manera bíblica de confrontar a un creyente que está deshonrando el nombre de Jesús. Enséñeles que la suprema responsabilidad de cada creyente es delante de Dios.

3. ¿En qué aspectos los creyentes de su iglesia serían diferentes si los miembros buscaran reflejar a Jesús en sus actitudes, conducta y relaciones? Pida a un grupo de su iglesia (maestros/clases de Escuela Dominical, un grupo de discipulado, los diáconos, el coro, el personal de la iglesia, un comité, o un grupo de tareas de discipulado transformador) que confeccione tres listas. Una de ellas incluiría actitudes expresadas

entre los miembros de la iglesia durante un período de 1-2 semanas. Otra lista incluiría las conductas observadas entre los miembros. Una tercera lista incluiría todas las características que pueden observarse en las relaciones dentro de la iglesia. Compile las listas, luego reúnanse para cambiar opiniones y orar acerca de las actitudes, conductas y relaciones en su iglesia.

4. Determine acciones que pueden tomarse para mejorar estas tres listas. Pida al grupo que piense acerca de la medida en que la iglesia es responsable de rendir cuentas del contenido de estas listas, y qué puede hacerse respecto de ellas para reflejar mejor la gloria del Señor.

5. El principio de rendir cuentas exige que una iglesia sea responsable, y que llame a las personas a la realidad de ser responsables de rendir cuentas por sus actitudes, acciones/conducta, y relaciones. Este principio llama a cada iglesia a ayudar a los creyentes a vivir diariamente su fe en cada una de sus áreas de influencia. ¿Cómo enseña su iglesia a sus miembros la responsabilidad que tienen de rendir cuentas? ¿En cuántas oportunidades su iglesia definió su posición o se identificó ante algunas circunstancias basado en el deseo de los miembros de ser como Cristo?

6. El mundo se mueve en una dirección contraria a la verdad bíblica. Identifique acciones que la iglesia puede tomar para ayudar a los creyentes a vivir para Cristo en la sociedad, y para hacer discípulos.

7. Una gran parte del principio de rendir cuentas está centrado en confiar en Dios, amarlo, y en especial, obedecerlo. ¿De qué manera su iglesia llama a las personas a obedecer a Dios? Estudien el himno "Para andar con Jesús". Hágalo el tema de una serie de mensajes. Ayude a las personas a entender la relación que existe entre confiar, amar y obedecer. Identifique la manera en que la obediencia se relaciona con el amor y la confianza. Identifique la razón por la cual las personas no quieren obedecer.

8. Busque materiales que puedan ser estudiados por grupos en su iglesia con el fin de ayudar a los miembros a aprender a confiar, amar, y obedecer a Dios. Use estos materiales para comenzar grupos de estudio.

9. A menudo los pastores, maestros, y aun los miembros de la iglesia caen en rutinas o caminos trillados, o sienten como que están dando vueltas en

torno a lo mismo. Invite a predicadores a su iglesia que compartan con su congregación la manera en que Dios algunas veces pide perseverancia, así como la disposición de asumir nuevas misiones.

10. Pida a la gente de su iglesia que identifique todas las cosas que tendrían que cambiar y todas las cosas que quedarían iguales en su iglesia, si todos entendieran que Jesús es su compañero de rendición de cuentas.

11. Considere la posibilidad de pedirle al pastor y a algunos miembros de otra congregación que sirvan como "consultores de rendición de cuentas" para su iglesia, reuniéndose con usted regularmente para escuchar acerca de la obediencia de su iglesia, y para hacerlo a usted sentirse responsable delante de Dios en la tarea de ayudar a los creyentes a ser transformados espiritualmente aprendiendo a confiar en Él, a amarlo y obedecerlo.

SABER CUÁNDO CEDER

> **El principio de la flexibilidad:**
> Hay personas que necesitan maneras flexibles y adaptables para poder experimentar la transformación espiritual.

Al permanecer en Cristo, los creyentes permiten que Dios los cambie a ellos y a sus ministerios, mientras se ajustan a la voluntad de Él.

En 1998, un tornado azotó la ciudad de Nashville derribando árboles y líneas eléctricas. En medio de un panorama desolador, un viejo arce permanecía aún en pie, erguido y orgulloso, a pesar de haber soportado una feroz embestida.

Unos días más tarde, cuando personal especializado estaba retirando otros árboles de sobre los techos y jardines, y liberando automóviles estacionados, la gente se preguntaba por qué el arce había soportado la tormenta mientras otros habían sido derribados. Cuando le preguntaron sobre la razón por la que el árbol había sobrevivido a la tormenta, uno de los especialistas respondió: "Bien, había dos cosas a su favor: la primera, es que acababan de haber sido podadas sus ramas sanas y quitadas todas las secas. Eso hizo que el árbol fuese más fuerte que los que ahora yacían sobre la calle. En segundo lugar, a partir de una simple observación de la manera en que este árbol crece, puedo decir que a través de los años ha podido ser flexible. Cuando vienen vientos fuertes, el saber cómo doblarse puede hacer la gran diferencia". [21]

Saber cómo ceder y doblarse. Podar las ramas sanas. Cortar las ramas secas. La historia de este árbol destaca la necesidad y el valor de la flexibilidad. En cuanto a la iglesia, ésta está compuesta de personas diferentes con toda clase de estilos de aprendizaje, tipos de personalidad, sexos, edades, tipos y situaciones de familia, trasfondos culturales, condiciones económicas, y rasgos étnicos. Un crisol de esta naturaleza necesita maneras flexibles y adaptables para que estas personas tan diversas experimenten la transformación espiritual.

La iglesia flexible

La palabra *flexible* significa tener "la capacidad de cambiar, de adaptarse a circunstancias nuevas, diferentes; de ajustarse". Expresado en palabras sencillas, una iglesia flexible es una que sabe cómo y cuándo adaptarse.

Los evangelios nos brindan un registro de varios estilos con que Jesús llevó a cabo la tarea de discipular a diferentes personas. Siempre estaba tratando de ajustar sus métodos de discipulado, para que se adaptaran al máximo a las personalidades singulares y a las necesidades especiales de aquellos a quienes discipulaba.

Jesús...

- usaba parábolas para bajar al nivel de las personas sencillas. (Mt 13.10-23)
- personalizaba un estilo de enseñanza sin rodeos para discípulos testarudos como Pedro. (Jn 13.6-17)
- guió dulcemente a una mujer asustada, para que conociera a Dios—escribió serenamente en la arena, mientras otros levantaban piedras. (Jn 8.3-11)
- se tomó tiempo para conversar con Jacobo y Juan, desafiándolos diariamente a ser más como el Padre. (Mr 3.13-17)
- adoptó una actitud distendida frente a pequeños grupos a fin de que personas como María y Marta pudieran tener un mayor acercamiento a Él. (Jn 12.2-8)
- invirtió un tiempo considerable en relaciones personales profundas, a largo plazo, con personas como Lázaro. (Jn 11)
- se unió a otros en adoración el día sábado en la sinagoga, como era su costumbre. (Lc 4.16)
- enseñó a sus discípulos que las acciones a menudo hablan más alto que las palabras, cuando echó del templo a los cambistas. (Mt 21.12-13)
- a menudo se apartó de las multitudes necesitadas, para orar a solas. (Mt 26.36)

Lo que Jesús enseñó por vía del ejemplo a través de su propio estilo de discipulado es que: *La transformación espiritual puede operarse en cada persona que tenga una relación personal con Jesús.* Para discipular a la manera en que lo hizo Jesús, su iglesia debe asegurarse que sus estructuras, organizaciones, procesos y procedimientos faciliten la obra de transformación espiritual del Espíritu Santo en maneras flexibles y adaptables. Esto incluye métodos y mensajes apropiados para los diferentes tipos de personas que Dios integró a su iglesia.

Mecánico versus orgánico

En su libro *Growing Spiritual Redwods*, Bill Easum y Thomas Bandy señalan dos tipos diferentes de estructuras de iglesia: la mecánica y la orgánica. [22] Una funciona como una máquina, mientras que la otra es un organismo vivo que crece, es flexible, y se adapta a una multitud de factores dentro del medio en que se desenvuelve. Tal como señalamos en el primer capítulo, Jesús se ocupa de cambiar a personas egoístas en líderes siervos. La función de la iglesia es crear un ambiente cálido y de crecimiento que favorezca esta milagrosa metamorfosis. Es razonable señalar entonces, que una iglesia de tipo orgánico tiene mayores posibilidades de crear un ambiente cálido y de crecimiento que una de tipo mecánico.

¿Pero qué significa en realidad *orgánico*? ¿Nos deshacemos de todas nuestras bases de datos, archivamos todos nuestros organigramas, le decimos adiós a la planificación, y de pronto comenzamos a "ser" iglesia? Decididamente no. Así como nuestro cuerpo físico necesita una infraestructura para sostenernos, el cuerpo de la iglesia necesita una infraestructura para mantenerla unida. Los programas, sistemas organizativos, y procedimientos establecidos, cuidadosamente orquestados por el Espíritu Santo a través de usted y otros líderes de la iglesia conforman la estructura vital de una iglesia.

La estructura de la iglesia debe sostener o brindar los recursos necesarios a los otros órganos del cuerpo; debe posibilitar que las otras partes lleven a cabo la función que tienen asignada. Cuando una estructura se convierte en un obstáculo para que las partes del cuerpo funcionen conforme al propósito que tienen, significa que está funcionando mal. Considere su iglesia. ¿Está su estructura impidiendo el cumplimiento del llamado de Dios a ser como Jesús?

La Biblia dice que no es posible guardar vino nuevo en odres viejos. (Ver Mt 9.17.) El movimiento fresco del Espíritu en una iglesia que ha hecho de su objetivo el llegar a ser como Jesús, indudablemente romperá viejas estructuras. Sin embargo, nosotros permanentemente luchamos a brazo partido para mantener vigentes esas viejas estructuras. Observar este fenómeno en innumerables iglesias nos recuerda al anciano en la película *El violinista sobre el tejado*, quien en los momentos iniciales de la obra canta sus alabanzas a la "tradición". Pero cuando se le pregunta sobre las razones para conservar la tradición, duda y tartamudea y finalmente responde que no sabe. Como líderes de iglesia, muchos de nosotros nos aferramos a las tradiciones y estructuras de nuestras iglesias simplemente porque siempre existieron, y no porque funcionen. Si un ministerio de discipulado ha de prosperar en su iglesia, debe existir la suficiente flexibilidad como para colocar a la sensibilidad a la voz del Espíritu Santo por encima de las tradiciones.

Señalemos una vez más que las estructuras son necesarias. Observemos que Jesús no dijo: "No echan vino en NINGÚN odre". Si no

SABER CUÁNDO CEDER 93

contáramos con algunas estructuras establecidas, tendríamos un caos. Las estructuras de hoy serán precisamente aquellas que pondrán obstáculos al crecimiento de su iglesia en el futuro—si no se ajustan a las demandas de las circunstancias.

La clave para una iglesia sana y una actitud mental que favorezca un discipulado transformador vigoroso es esta: *La estructura de una iglesia debe ser adaptable a los cambios*. Aunque debe usarse de mucha precaución para nunca comprometer el mensaje del evangelio, debe existir una voluntad de ajustar y adecuar metodologías. De la misma manera en que nuestros cuerpos físicos se enferman cuando los órganos no funcionan correctamente, el cuerpo de Cristo se hace vulnerable a la enfermedad cuando diversas partes del mismo no son debidamente alimentadas.

Un fundamento para la flexibilidad

Estamos hablando mucho de flexibilidad, pero seríamos negligentes si no afirmáramos que existen algunos elementos fundamentales que un ministerio de discipulado flexible necesita como un fundamento sólido. Esto es primeramente:

• Una clara declaración de propósitos.

No estamos hablando de lindas palabras escritas que se guardan en un mueble de archivo en la oficina de la iglesia. Estamos hablando de una declaración de propósitos viva, que respira, comunicada de manera regular a los miembros, que explica claramente de qué se trata el ministerio de discipulado de su iglesia. Esta declaración de propósitos debe ser una que proporcione una brújula interna para asegurar que su ministerio de discipulado transformador se mantenga en un camino marcado por el evangelio—aun cuando transite por diferentes senderos para alcanzar a diferentes personas.

Consideremos varias de las declaraciones de propósitos que algunas iglesias están usando como guía para sus programas de discipulado transformador:

⇨ Guiar a las personas a recibir a Cristo y a glorificar a Dios a través de la adoración, el evangelismo, el discipulado, la comunión, y el servicio.

⇨ Ayudar a las personas a confiar en Dios, amarlo y obedecerlo para su gloria.

⇨ Conocer a Dios y hacerlo conocer, cada vez más.

⇨ Procurar ser más como Jesús.

Lo que hace tan eficaces a estas declaraciones de propósito es que todas ponen su mirada en el objetivo de ser como Jesús y ayudar a otros a ser como Él. Este es el filtro que mantiene a Jesús como el centro.

• **Un proceso de evaluación**

A continuación está el "proceso de evaluación" incorporado, para podar lo que es productivo y erradicar las cosas que distraen del propósito central. El proceso de evaluación permanente es simplemente un tiempo regular en el que se evalúa la eficacia de la infraestructura para el discipulado. Algunas de las preguntas a formularse son:

1. ¿Está la actividad en concordancia con las Escrituras?
2. ¿Está la actividad respaldando la declaración de propósitos de la iglesia y este ministerio específico?
3. ¿Está esta actividad ayudando a crear un ambiente que alcanza a toda la iglesia, favorable para la transformación espiritual?
4. ¿Están los creyentes siendo alcanzados, alimentados, y transformados?
5. ¿Están los creyentes creciendo para convertirse en líderes?
6. ¿La estructura es "reproductible"?

Son simples preguntas que pueden mantener a su iglesia constantemente consciente del progreso—o de la falta de él—porque un ministerio de discipulado que no crece es un ministerio que tiene problemas en su raíz.

Durante el proceso de evaluación, su iglesia determinará cuáles acciones deben tomarse para ayudar a crear un ambiente para la transformación espiritual. Crear y mantener estructuras funcionales es el resultado de un proceso permanente de evaluación. La evaluación es un proceso para quitar, podar, y cultivar. La capacitación permanente cultiva la productividad (capacitación en el terreno y aprendizaje). La evaluación seria revela cuándo pueden ser necesarios recursos adicionales (financieros, de materiales, en personas).

Use la ilustración de Juan 15 y el labrador con respecto al fruto—o a la falta de él—como una comprobación del discipulado eficaz. Un proceso eficaz de evaluación:

⇨ Ayudará a su iglesia a detenerse y descartar algunos programas improductivos ("quitar" de la vid);
⇨ Ayudará a su iglesia a centrar sus esfuerzos en aquellas cosas que están produciendo fruto para que produzcan aún más fruto ("limpiar", podar);

⇨ Capacitará a su iglesia para formularse las preguntas correctas acerca de cómo mejorar la eficacia de lo que está funcionando (dar forma);
⇨ Ayudará a su iglesia a tomar conciencia de aquellas áreas en que se hace necesario un aumento del presupuesto, y a determinar dónde los líderes necesitan ser investidos de más poder (cultivar);
⇨ Capacitará a su iglesia para multiplicar el ministerio (reproducción).

Cuantos más, mejor

Una estructura reproductible permite al ministerio de discipulado ampliarse de acuerdo con su propósito. Esto aumenta la capacidad de ministerio—más personas llegando a ser más como Jesús cada día. ¿Cuáles son algunos de los temas a tener en cuenta al determinar si su ministerio de discipulado es reproductible?

—Los nuevos creyentes, ¿están siendo alimentados e integrados a la vida de la iglesia?
—¿Se está desarrollando la nueva generación de líderes?
—¿Se están aplicando las Escrituras a las cuestiones que van surgiendo en la iglesia?

El potencial de los grupos

Un método de discipulado que parece incorporar naturalmente todos los principios que hemos señalado hasta aquí es el de los pequeños grupos. Quizá sea esa la razón por la que Christian Schwarz dice: "Si tuviésemos que identificar un principio como el 'más importante', entonces sin duda sería el de la multiplicación de pequeños grupos. Los pequeños grupos son el pilar del crecimiento de la iglesia". [23] La dinámica de los pequeños grupos parece emular la dinámica que cultivó Jesús cuando hacía crecer la fe de sus propios doce discípulos.

Consideremos la dinámica de los pequeños grupos y cómo ellos pueden ayudar a generar las condiciones propicias para un vigoroso ministerio de discipulado en su iglesia. La iglesia de los primeros tiempos en Jerusalén nos brinda cierta guía para saber los elementos necesarios para grupos pequeños sanos. (Ver Hechos 2.42-47.) Su dinámica incluye:

1. Poder—el derramamiento del Espíritu Santo;
2. Liderazgo—los líderes impartiendo sabiduría y dirección;
3. Oración—escuchar a Dios, interceder por otros y por la obra de

Dios en oración.
4. Adoración—exaltar a Dios;
5. Enseñanza—aprender y aplicar la Palabra de Dios;
6. Comunión—alimentar y edificar las relaciones;
7. Ministerio—suplir las necesidades de otros a partir de los dones recibidos;
8. Evangelismo—compartir el evangelio, ejercer un impacto sobre la sociedad, personas que se agregan a la iglesia (el cuerpo de Cristo);
9. Responsabilidad de rendir cuentas—ayudarse unos a otros a ser responsables delante de Dios;
10. Aliento—ayudarse unos a otros para mantener la salud espiritual y emocional;
11. Apoyo—estar al lado de otro en momentos difíciles y de prueba.

Si usted quiere agregar los pequeños grupos a la lista flexible de métodos de discipulado en su iglesia, hay varios aspectos relacionados con los pequeños grupos que usted necesitará tener en cuenta. Ofrecemos a continuación un resumen como herramienta de referencia.

•¿**Cuántos integrantes debe tener cada grupo?**

Los expertos en grupos pequeños coinciden en que el número ideal para un grupo pequeño debiera ser entre 3 y 15 personas. Recuerde, Jesús mismo eligió a doce para que formaran el grupo pequeño que lideró. Cuando el grupo supera los 10-12 participantes, su dinámica cambia. Cuanto más grande sea el grupo, más fácil es que una persona tímida se mantenga oculta en el sentido espiritual y emocional. Cuanto mayor es el grupo, más difícil resulta alimentar a cada persona.

•*¿Cómo se eligen los miembros del grupo?*

¿Todos los integrantes del grupo deben ser aproximadamente de la misma edad? ¿Qué importancia tienen los niveles de instrucción? ¿La condición socioeconómica? ¿Hombres/mujeres solamente, o matrimonios? A la mayoría de las personas les gusta estar con otros como ellos. Los elementos en común promueven relaciones más cercanas y un desarrollo más rápido del grupo.

• *El o los grupos, ¿serán abiertos o cerrados?*

Dicho de una manera sencilla, un grupo abierto está abierto al ingreso de nuevos miembros a la vida del grupo en cualquier momento. Un grupo cerrado cierra intencionalmente el ingreso de nuevos miembros en algún momento del crecimiento numérico del grupo; por lo general en una etapa temprana de su desarrollo. Ambos tipos tienen sus ventajas y desventajas. Los grupos abiertos permiten una asimilación más rápida de personas nuevas. Los grupos cerrados permiten relaciones mucho más profundas y un mayor grado de rendición de cuentas. A fin de recoger beneficios de las ventajas de ambos tipos de grupos, usted puede considerar una combinación. El grupo puede permanecer abierto durante por ejemplo sus primeras seis semanas de vida y luego cerrarse por un tiempo (digamos unos doce meses). Luego el grupo vuelve a abrirse para que algunos se retiren y otros ingresen. Tenga presente que un grupo permanentemente cerrado, se estanca con el tiempo, al igual que cualquier sistema cerrado.

• *¿Cuánto tiempo debe permanecer un grupo como grupo?*
Una vez más aquí las opciones son múltiples y dependen de sus objetivos y circunstancias. Los grupos pueden permanecer como grupo desde varias semanas hasta un año o más. Naturalmente, cuanto más tiempo se reúne un grupo más profundas son las relaciones y mayor el grado de rendición de cuentas. Sin embargo, muchas personas no quieren ser parte de un grupo que carezca de límites establecidos. Al final del tiempo acordado, el grupo puede disolverse y sus miembros integrar otros grupos, o los grupos pueden formar un grupo adicional a través de un proceso intencional de multiplicación.

• *¿Con qué frecuencia se reúnen los grupos?*
Idealmente los grupos se reúnen semanalmente. Es difícil edificar las relaciones y la rendición de cuentas deseadas si el grupo se reúne con menos frecuencia. Pero una vez más, existen variantes. La mayoría de los expertos en grupos pequeños coinciden en que si un grupo no se reúne por lo menos cada dos semanas, la frecuencia no resulta suficiente para producir un impacto en las vidas de las personas.

• *¿Cuál sería la agenda para los grupos pequeños y dónde debieran reunirse?*
Una de las ventajas de los grupos pequeños es su flexibilidad en cuanto a lugares y horarios para reunirse. La respuesta sencilla aquí es: cuando quiera y donde quiera que el grupo se ponga de acuerdo para reunirse. El discipulado transformador es un ministerio de 24 horas al día los 7 días de la semana. Las casas de los miembros son lugares ideales para las reuniones del grupo. Un grupo abierto también genera otro punto de entrada a la vida de la iglesia cuando personas nuevas son invitadas a formar parte del grupo.

• *¿Qué con respecto al liderazgo de los grupos?*
El liderazgo es la clave del éxito de un ministerio de grupos pequeños. La

mayoría de las iglesias que tienen éxito con los grupos pequeños llegaron a entender la ventaja de un proceso de aprendizaje. Cada grupo tiene al menos un aprendiz que se está capacitando para liderar un nuevo grupo. Este aprendiz puede recibir cierta capacitación básica para entender la filosofía del ministerio de grupos pequeños en esa iglesia en particular, como así también de la dinámica de grupos. Luego recibe algunas responsabilidades de liderazgo por parte del líder del grupo que integra. Después de comenzar con su grupo pequeño, todos los líderes reciben alguna clase de actualización y capacitación sobre la marcha.

• *¿Qué sucede con los niños?*

Las iglesias manejan este desafío de diversas maneras. El grupo puede decidir ir turnándose, de modo que uno de los miembros se ocupe de atender a los niños en otro lugar de la casa en que se reúnen. Los miembros del grupo podrán ponerse de acuerdo para contratar a otro fuera del grupo para atender los niños en otro lugar de la casa en la que se reúnen. Algunos grupos pueden hacer un intercambio con otros grupos. El Grupo 1 cuida los niños del Grupo 2 los martes y el Grupo 2 cuida los niños del Grupo 1 los jueves. Una vez más las alternativas son múltiples.

• *¿Cómo comenzar grupos nuevos?*

Es de esperar que la mayoría de los grupos que se forman experimenten el crecimiento y el comienzo de nuevos grupos prácticamente desde el principio. Un grupo existente comienza un nuevo grupo, comisionando ya sea al líder o al aprendiz a comenzar el nuevo grupo. Varios de los miembros del grupo existente podrían acompañar al líder o aprendiz, a fin de dejar espacio para el ingreso de nuevos miembros al antiguo grupo. Esto mantiene abierto al sistema y permite que miembros nuevos de la iglesia se integren a los pequeños grupos, impidiendo así el estancamiento. También pueden organizarse grupos nuevos a medida que se van capacitando nuevos líderes. El nuevo líder intentará buscar un aprendiz lo más pronto posible en el proceso.

La importancia de permanecer flexible

Sería imposible detallar la infinidad de maneras en que es posible incorporar la flexibilidad a su ministerio de discipulado, porque las posibilidades son tan diversas como las personas que forman su iglesia. Hemos descrito aquí en detalle los grupos pequeños, pero otros conceptos pueden resultar ideales para muchos de los que están bajo su esfera de influencia. La clave está en que el concepto coincida con lo que mejor funciona frente a diferentes estilos de aprendizajes, tipos de personalidades, sexos, edades, tipos y situaciones de familia, trasfondos culturales, condiciones económicas, y rasgos étnicos. Permanecer flexible permite que usted y su iglesia cultiven un ministerio de discipulado singularmente personal y constantemente enfocado en Cristo.

Jeremías 29.11 es un pasaje representativo en las Escrituras, que ilustra la atención personal que Dios le ofrece a cada creyente: *"Yo sé los planes que tengo para ustedes, planes para su bienestar y no para su mal, a fin de darles un futuro lleno de esperanza"* (DHH).

Utilice el Principio de la flexibilidad con esta promesa de Dios como trasfondo, como una ayuda para orientar, modelar, dar forma, y adaptar su ministerio de discipulado para que se conforme a los planes de Dios de dar a los que le pertenecen un futuro lleno de esperanza. Porque así como Jesús enseñó por vía del ejemplo, *la transformación espiritual tiene características únicas en cada persona que mantiene una relación personal con Él.*

ENTIENDA ESTO ⇨ *El corazón de este capítulo...*

La iglesia puede estar compuesta de personas diferentes con todo tipo de estilos de aprendizajes, tipos de personalidades, sexos, edades, tipos y situaciones de familia, trasfondos culturales, condiciones económicas, y rasgos étnicos. Un crisol de esta naturaleza necesita maneras flexibles y adaptables, para que estas personas tan diversas experimenten la transformación espiritual. Obligar a todos a conformarse a un molde rígido resulta en un ministerio de discipulado que puede fácilmente echarse a perder.

HÁGALO ALGO PERSONAL ⇨ *Cómo se aplica esto a usted y su iglesia...*

¿De qué manera los actuales ministerios están atendiendo a las diversas necesidades de las personas en su iglesia y en su comunidad?

Haga una lista de las maneras básicas en que su iglesia hace discípulos. Luego, en una escala de 1 a 10, donde 1 es lo menos flexible y 10 lo máximo, evalúe la flexibilidad de su iglesia para incorporar una variedad de métodos de discipulado.

Si la evaluación de su iglesia resulta baja, ¿qué pasos puede usted tomar para ayudar a su iglesia a ser más flexible al tratar de discipular a personas con diferentes perspectivas y necesidades?

¿Cuáles otros de los métodos de discipulado de Jesús podría comenzar a implementar, para alcanzar a otras personas en su iglesia y en su comunidad que quieren crecer en Cristo? (Ver en pág. 92 una lista de métodos de discipulado que utilizó Jesús.)

Haga una lista de los tipos de personas cuyas necesidades de discipulado usted considera que su iglesia está satisfaciendo adecuadamente.

Ahora haga una lista de aquellas a quienes la iglesia podría responder en maneras adecuadas, a sus necesidades de discipulado.

¿Cuáles pasos podría usted dar como líder, para comenzar a adaptar los programas de la iglesia para que se adecuen mejor a las necesidades de estos grupos de personas?

PÓNGASE EN MARCHA ⇨ *Sugerencias para un discipulado "proactivo"...*

1. La transformación espiritual tiene características únicas en cada persona que tiene una relación personal con Jesús. Para discipular como lo hizo Jesús, su iglesia debe asegurarse que sus estructuras, organizaciones, procesos y procedimientos respalden de formas flexibles y adaptables la obra de transformación espiritual que hace el Espíritu Santo. Esto incluye métodos y mensajes apropiados para los diferentes tipos de personas que Dios pudo haber integrado a su iglesia.

2. En la página 92 se identifican nueve métodos de discipulado que usó Jesús (parábolas, enseñanzas sin rodeos, guía amorosa, conversaciones extensas, pequeños grupos, relaciones personales, enseñar a sus discípulos, orar a solas). Repáselos con sus diáconos. Pídales que identifiquen métodos de discipulado que les hacen sentir cómodos e incómodos. Ayúdelos a asumir la función de un hacedor de discípulos—relacionando así la vida de ellos con su fe.

3. Utilice la siguiente *prueba* de flexibilidad con los diversos grupos en su iglesia.
    Responda con verdadero o falso.
    —Es un tema que trae comentarios negativos si en su iglesia se cambia el orden de culto todas las semanas.
    —Cuando hay cambios en el programa de los domingos por la

mañana, a los miembros no les gusta.
—La gente se enoja si se cambian o dividen las clases de la Escuela Dominical.
—La rutina en la adoración es más importante que guiar a las personas a experimentar la presencia de Dios.
—La manera en que se hace algo es más importante que las vidas sobre las que tiene efecto.

Agregue otras preguntas más relevantes a su comunidad. Use el cuestionario para guiar a su iglesia a evaluar por qué hace lo que hace y a centrar su atención en su propósito. Ayude a la iglesia a descubrir su papel en la tarea de desarrollar a los creyentes para ser transformados espiritualmente. Guíe a la iglesia a distinguir entre una iglesia orgánica y una mecánica (ver pp. 92-94).

4. Dibuje un organigrama de su iglesia. Pida a otros que hagan lo mismo. Compare los puntos de vista de diferentes personas con respecto a las organizaciones de su iglesia. Preste atención a las similitudes y diferencias. ¿En qué manera cambió en el transcurso del tiempo? ¿En qué términos describirían los miembros el propósito de su iglesia? Si los organigramas que usted dibujó son el esqueleto de su iglesia, ¿de qué manera sostiene al cuerpo? ¿Cómo debería cambiar? (Ver pp. 92-94.)

5. En la página 94 se identifican diversas declaraciones de propósitos. Compártalas con varios de los grupos de su iglesia. Pídales que identifiquen cuáles parecen describir el actual enfoque de su iglesia. Si estos no parecen ser relevantes, pídales que cada uno escriba ideas que parezcan describir la misión de su iglesia. Distribuya una lista de actividades que su iglesia llevó a cabo durante el último año. Cambien opiniones acerca de cómo estos enfoques podrían o deberían respaldar su misión. Hablen acerca de maneras en que su iglesia puede estar en misión con Dios para hacer discípulos y alinear sus actividades con esa misión.

6. Organice grupos para orar por su iglesia y su misión.

7. ¿Cómo utilizará las actividades señaladas en las páginas 95-96 (el proceso de evaluación y Juan 15) para guiar a su iglesia a depender de Dios en el proceso de transformación espiritual? Planifique el tiempo necesario para utilizar estos recursos para fortalecer el ministerio en su iglesia.

8. Haga una lista de todos los grupos dentro de su iglesia. ¿Cuáles son abiertos y cuáles cerrados? ¿Cómo funcionan? ¿En qué medida dependen del equipo pastoral? ¿Qué es lo que ellos pueden realizar con respecto a su misión? ¿Qué es lo que podría hacerse para el reino si los grupos pequeños fuesen uno de los principales vehículos de su iglesia? Use las páginas 96-99.

[21] Adaptado de *Home Again* por Irvey Harrington. Usado con permiso.
[22] William M. Easum and Thomas G. Bandy, *Growing Spiritual Redwoods* (Nashville: Abingdon Press, 1997) 111-115.
[23] Christian A. Schwartz, *Natural Church Development, A Guide to Eight Essential Qualities of Healthy Churches*, © 1996 Christian A. Schwartz. 32-33

> Todo lo que su iglesia es y hace, tiene como centro el ayudar a cada creyente a entender la manera de habitar (permanecer) en Cristo.

UNA IGLESIA QUE "LO ENTIENDE"

El 15 de mayo de 1999 tomé (Barry) un avión hacia un lugar llamado Mombasa, en Kenia. Qué diferente era Kenia del lugar en que yo vivo. Vi más pobreza en una hora de lo que estaba acostumbrado a ver en todo un año. Lejos estaba de imaginarme que atravesaría medio mundo para encontrarme en un lugar donde Dios estaba obrando tan poderosamente.

Mi primer compromiso de predicación era en una aldea llamada Kwali, situada aproximadamente a una hora y media de Mombasa. ¡Allí tuve un encuentro con una iglesia que "lo entendía"!

El edificio de la iglesia, o lo que había de él, estaba ubicado a unos 250 metros detrás de una estación de servicio y bar. Había barro por todas partes, porque el mes de mayo en Kenia es plena estación de lluvias. El edificio de la iglesia eran cuatro paredes de bloques caseros ¡sin puertas, sin ventanas, y sin techo! (se entraba por las aberturas en las paredes.) Todo el piso en el interior del edificio era de tierra—o barro.

Los primeros pensamientos que cruzaron por mi mente al estar parado en el barro dentro del sector de paredes fueron: *Señor ¿a dónde me trajiste?, ¿Vendrá alguien?*

Y Él me respondió alto y claro. La gente comenzó a llegar de todas direcciones. Pronto conocí al pastor y a otros líderes de la iglesia. Había un cofre en una de las esquinas de la estructura, cubierto con hojas de palmera. Para mi sorpresa, aquí era donde se guardaban las túnicas del coro y los platos de la ofrenda.

Pronto comenzó el culto y vi el reino de Dios gobernando en las vidas de esas personas, manifestado por la presencia del Espíritu Santo en ellos y en medio de ellos. Allí, delante de mis ojos, la iglesia se manifestó tal como en la iglesia de los primeros tiempos. Su comunión y adoración eran abarcadoras y sinceras. Dios estaba presente, y yo estaba convencido que Él se agradaba. Por primera vez prediqué a través de un intérprete. Nunca antes había visto personas tan atentas a la palabra y el mensaje de Dios.

Mientras la gente respondía al llamado de Dios, mi intérprete me explicó que dos de las mujeres que pasaban adelante eran de origen musulmán. Ahora que habían recibido el don de la salvación, muchas cosas en sus vidas cambiarían. Una cosa era cierta. Estas mujeres sabían que no podían regresar a sus casas. La iglesia comenzó a realizar arreglos para albergarlas.

Otra mujer había venido a la iglesia buscando consuelo y esperanza. Su padre había muerto y la casa de él estaba a cientos de kilómetros de distancia. La iglesia levantó una ofrenda especial, para reunirle el dinero suficiente para comprarle un pasaje de ómnibus.

La vivienda de otra familia había sido destruida y los hombres de la iglesia estaban organizándose para reconstruirla. Alrededor de mí, todo era ministerio. Estas personas estaban respondiendo con amor, confianza, y obediencia ¡Estaban glorificando a Dios con sus vidas! La sobrecogedora presencia y evidencia del Espíritu Santo en esa pequeña iglesia me hizo caer de rodillas. Dios había tomado a un pequeño grupo de creyentes consagrados que se habían sometido a su autoridad, y había creado un ambiente que estaba transformando la comunidad y la cultura de ellos.

Cuando llegamos a ser la clase de personas que Dios puede usar, entendiendo nuestra identidad en Cristo y el reino de Dios, nuestra relación con Jesús ejerce su efecto sobre toda otra relación y área de la vida con la cual establecemos contacto. También somos hechos profundamente conscientes de la guerra espiritual existente, y de la manera de batallar contra ella en el poder del Espíritu Santo y la santa Palabra de Dios.

¿Qué clase de ambiente existe en la iglesia local de la cual usted es parte? ¿Piensa usted en ladrillos, alfombras y asientos cómodos, o ve un pueblo de Dios rendido a su autoridad y dirección? ¿Qué clase de ambiente puede Dios generar a través de usted? Nunca más volví a prestar atención al piso de barro y al techo faltante en aquella iglesia—todo lo que podía ver era el pueblo de Dios en obediencia.

Las Escrituras confirman la propia profecía de Jesús acerca de esa clase de discipulado de corazón a corazón en Juan 14.12: *"De cierto, de cierto os digo: El que en mí cree, las obras que yo hago, él las hará también"*. Los creyentes espiritualmente transformados y sus iglesias transformadas están haciendo precisamente lo que Jesús estaría haciendo si estuviese caminando sobre la tierra hoy—agradando y glorificando a Dios.

No, no estoy diciendo que usted debe tener un templo sin techo y con piso de tierra a fin de experimentar la presencia de Dios. Dios quiere transformar vidas en su iglesia también. Quiere que usted y su iglesia sigan el ejemplo de Jesús y se manejen con principios sanos en lugar de programas hechos por hombres, listas de cosas para obtener, y listas de cosas para hacer. Él está esperando que usted salga de su pequeña piscina infantil de cristianismo. Está esperando que usted se zambulla en la parte profunda y se sumerja totalmente en el proceso de llegar a ser como Jesús.

ENTIENDA ESTO ⇨ *El corazón de este capítulo...*

El corazón de la transformación espiritual es una relación profunda, de permanencia en Jesús. El discipulado transformador es ayudar a las personas a conocer a Jesús, y a llegar a ser como Él. Su iglesia puede ser una iglesia que "lo entiende". Su iglesia puede glorificar a Dios con creyentes transformados que adoran a Dios juntos, sirviéndolo, ministrando a otros, y señalando a otros el camino a Dios a través de su obediencia, amor, y confianza en Él.

HÁGALO ALGO PERSONAL ⇨ *Cómo se aplica esto a usted y su iglesia...*

Haga una lista de las oportunidades en su vida en que usted vio al reino de Dios gobernando en las vidas de las personas que estaban a su alrededor. Deténgase y ore pidiendo a Dios que reine en usted, y que el reinado de Él en su vida sea evidente a los que lo rodean.

¿Está usted dispuesto a dar hoy ese salto de fe y decir...?

- ¡SÍ! Reconoceré a Jesús como "lo principal", y al hacer esto permitiré que Él invista de poder todas mis otras relaciones.
- ¡SÍ! Responderé al llamado de Jesús y lo seguiré dondequiera que me guíe.
- ¡SÍ! Permitiré que el Espíritu Santo me invista de poder para ser un líder siervo
- ¡SÍ! Utilizaré mi estilo de vida para expresar al mundo la manera en que Dios está transformando mi vida.
- ¡SÍ! Me haré responsable de rendir cuentas ante Dios de mis actitudes, conducta y relaciones.
- ¡SÍ! Me haré flexible y me adaptaré a las múltiples maneras que Dios usará para transformarme a mí y a otros a la semejanza de Jesús.
- ¡SÍ! Seré un discípulo voluntario de Jesús y ayudaré a otros en sus experiencias de llegar a ser como Él.
- ¡SÍ! Con la ayuda de Dios, tomaré mi vida diaria, corriente—mi dormir, comer, ir a trabajar, y mi interés por las cosas de la vida—y la pondré delante de Dios como una ofrenda. No me acomodaré de tal manera a mi cultura, como para encontrar que estoy tan perfectamente adaptado que no necesito ni pensar. En cambio, fijaré mi atención en Dios.

Seré transformado desde adentro hacia fuera...

Seré un vivo ejemplo de Romanos 12.1-2 caminando.

Buscaré llegar a ser como Jesús y ayudaré a otros mientras ellos, también, buscan llegar a ser como Él.

PÓNGASE EN MARCHA ⇨ *Sugerencias para un discipulado "proactivo"...*

1. Lea cuidadosamente las páginas siguientes en este libro, para aprender más acerca de iglesias sanas, equipos de liderazgo, el desarrollo de un ministerio de discipulado y de acciones de ministerio, necesidades de discipulado, y materiales para utilizar como herramientas.

2. Piense en formar un grupo de tareas de transformación espiritual en su iglesia para estudiar este material y guiar a su iglesia a experimentar esa transformación.

3. Cada vez que usted ponga en práctica una idea y esta le ayude u obstaculice sus esfuerzos por unirse a Dios en transformar espiritualmente las vidas de los creyentes en su iglesia, envíe un resumen de esta idea a MLDResources@lifeway.com, para que podamos compartirla con otros hermanos/as que están empeñados en este proceso de transformación espiritual y están tratando de guiar a otros a hacer lo mismo.

4. Para mayor crecimiento personal estudie *Metamorfosis, Mi experiencia con Dios, Vida en el Espíritu y La mente de Cristo*.

DISCIPULADO TRANSFORMADOR...

> Ayudar a las personas a conocer a Jesús y ser como Él es la meta del discipulado transformador.

El discipulado es una experiencia de obediencia a Cristo que dura toda la vida, que transforma los valores y la conducta de una persona, y resulta en ministerio en su propio hogar, la iglesia, y el mundo.

El discipulado tiene que ver con la esencia misma de la iglesia cristiana. El discipulado conduce a la evangelización y a vidas cambiadas, a una vida abundante y en justicia, a un servicio gozoso y lleno de significado para todos aquellos que lo desean. En consecuencia, esto es de lo que se trata: *cada creyente es un discípulo con un potencial de crecimiento y servicio para toda su vida.*

El discipulado es el proceso de aprender a ser como Cristo. Conocer a Cristo en lugar de simplemente saber acerca de Él, resulta en una transformación espiritual en la vida y en el corazón que permite que todos aquellos con quienes nos encontramos puedan ver a Cristo reflejado en nosotros. Dado que el propósito de Dios es salvar a un mundo que se muere, y que el único camino a la salvación es a través de su hijo Jesucristo, la acción de permitir que el Espíritu Santo haga visible a Cristo en nosotros testifica de la presencia de Cristo a los perdidos y a los creyentes por igual.

Cristo dijo que los creyentes son su cuerpo y que, al igual que Él, deben servir a los propósitos de Dios. Dado que Cristo dio el ejemplo señalando permanentemente al Padre, los creyentes deben hacer lo mismo. Jesús es nuestro modelo de liderazgo que sirve al propósito eterno de Dios. Por lo tanto, *cada creyente dispuesto a crecer en la semejanza a Cristo, es un líder o un líder potencial en la misión de señalar el camino a Dios a través de Cristo.*

Iglesias sanas

La sanidad de la iglesia es el resultado de personas espiritualmente transformadas que están creciendo en la obediencia a su maestro. Ayudar a las personas a conocer a Jesús y ser como Él es la meta del discipulado transformador.

Nuestros cuerpos usan sus diversas partes para informarnos, fortalecernos, y ayudarnos a crecer. Ser parte del resto del cuerpo de Cristo no es algo que puede producirse estando aislado. Cuando nos reunimos en grupos de creyentes para estudiar, orar, y tener comunión, encontramos al Cristo que nos transforma por la presencia de su Espíritu Santo en nuestras vidas y en los otros creyentes.

Los grupos pequeños generalmente facilitan observar este encuentro con el cuerpo de Cristo y participar del mismo. (Ver pp 97-99.) El beneficio agregado es el crecimiento de cada miembro en la comprensión de cómo funciona el cuerpo. A medida que el miembro es transformado, toma más conciencia de la manera en que Dios funciona en otros grupos, incluyendo, aunque no limitado a, su propia congregación. Puede ver el reino de Dios crecer cuando se encuentra con miembros de otras congregaciones, denominaciones y ministerios. También ve cómo Dios se mueve a través de los puentes de las relaciones para establecer relaciones entre grupos.

Para ser una iglesia sana es necesario tener un plan para discipular a los creyentes. En tanto que hay muchas maneras en que una iglesia puede implementar el discipulado, el método que mejor funciona para la mayoría de las iglesias es tener un ministerio enfocado de lleno en el discipulado.

La planificación diligente y la fiel realización de las tareas son aspectos ineludibles de un ministerio eficaz de discipulado. No sólo hace falta planificación, sino que ésta debe realizarse de manera regular para una máxima eficacia. Hasta no hace mucho, las iglesias planificaban con un año de anticipación y luego prácticamente se dedicaban a cumplir todo tal como estaba. Hoy, la planificación es una disciplina permanente de descubrir lo que Dios quiere que usted haga, identificando dónde Dios está obrando, y uniéndose a Él en su planificación de un ministerio de discipulado a corto y largo plazo.

El equipo de liderazgo

En muchas iglesias, la planificación del ministerio de discipulado está liderada por un director de discipulado que planifica internamente con los líderes de discipulado, y externamente con líderes de otras áreas de ministerio de la iglesia. Un grupo selecto de líderes de discipulado sirven en el equipo de liderazgo del ministerio de discipulado. Juntos, los miembros del equipo planifican y promueven experiencias de discipulado, reclutan líderes, y evalúan la eficacia del ministerio. Los miembros del equipo de liderazgo incluyen al director de discipulado, el pastor, y el personal del área educativa de la iglesia. Más allá de eso el equipo puede incluir representantes que habrán de liderar algún área de discipulado en particular o estudio especial.

Algunas iglesias encuentran que la integración de líderes de discipulado a la organización de su Escuela Dominical fortalece su ministerio de discipulado. Los líderes de discipulado pueden ser parte de una clase de Escuela Dominical o departamento, o de ambos. Su trabajo consiste en identificar las necesidades de liderazgo de su clase o departamento, y planificar experiencias de discipulado para satisfacer esas necesidades.

Algunas iglesias incluyen al director de la Escuela Dominical en el equipo de liderazgo de discipulado, y al director de discipulado en el consejo de la Escuela Dominical. Así, estos dos ministerios vitales de la iglesia se benefician mutuamente, lo cual significa que la iglesia también se beneficia.

Cómo desarrollar un ministerio de discipulado

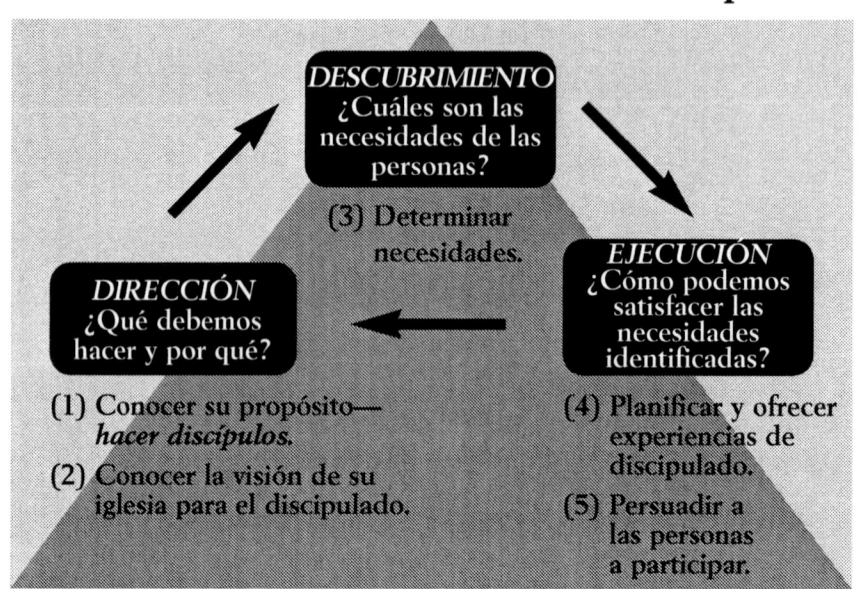

DESCUBRIMIENTO
¿Cuáles son las necesidades de las personas?

(3) Determinar necesidades.

EJECUCIÓN
¿Cómo podemos satisfacer las necesidades identificadas?

DIRECCIÓN
¿Qué debemos hacer y por qué?

(1) Conocer su propósito—*hacer discípulos.*
(2) Conocer la visión de su iglesia para el discipulado.

(4) Planificar y ofrecer experiencias de discipulado.
(5) Persuadir a las personas a participar.

(1) Conocer su propósito—*hacer discípulos.*
La planificación incorpora todos los esfuerzos que determinan lo que una organización quiere ser, a dónde va, y cómo llegará a su objetivo. La planificación es un proceso que articula el propósito de la organización (misión), considera las oportunidades y amenazas externas, evalúa los potenciales y debilidades internas, y determina metas y acciones apropiadas para modelar el futuro. (Ver pp. 9-15.)

(2) Conocer la visión de su iglesia para el discipulado.
Muchas iglesias están descubriendo la importancia de elaborar y escribir una declaración de visión. Una declaración de visión (llamada también una declaración de misión o declaración de propósitos) ofrece un punto de referencia para identificar la razón de existir. Una declaración de visión surge de una visión común con la cual todas las personas relacionadas pueden identificarse. (Ver p. 94.) Es el punto pibotal que da equilibrio a todas las metas y actividades.

Nuestra declaración de visión en LifeWay Christian Resources es:
Obrando Dios a través de nosotros trataremos de ayudar a personas e iglesias a conocer a Jesucristo y a buscar su reino, proveyendo soluciones bíblicas que transformen espiritualmente a personas y culturas.

Hay ocasiones en las que tratar de poner en palabras la visión resulta más difícil de lo que parece. Piense en la posibilidad de encomendar a un grupo de tareas la redacción de la declaración. Los miembros de este grupo podrían incluir al pastor, personal del área educativa, y personas claves de los ministerios de la Escuela Dominical y discipulado. Preséntela al cuerpo de la iglesia para su aprobación. Al convocar la totalidad de la iglesia hará que la declaración se asegure un mayor sentido de pertenencia. Una vez que la iglesia haya desarrollado su visión, aliente a todas las áreas de ministerio a desarrollar/adaptar declaraciones individuales de visión o misión.

Planificar con una visión
El discipulado de los creyentes es un aspecto vital de toda iglesia que sigue el modelo del Nuevo Testamento. Al pensar en una declaración de visión para un ministerio de discipulado en crecimiento, tenga en cuenta las siguientes preguntas:
- ¿Qué nos está llamando Dios a hacer?
- ¿Dónde estamos ahora?

- ¿Cuáles son nuestras metas?
- ¿Cuáles son nuestros planes para alcanzarlas?
- ¿Quiénes serán los responsables
- ¿Qué materiales/recursos necesitamos?

Acciones de un ministerio de discipulado

Un ministerio de discipulado puede hacer muchas cosas a favor de una iglesia, pero no puede hacerlo todo. Las siguientes acciones de ministerio u objetivos que sugerimos, pueden proporcionar un punto de partida en tanto que usted define lo que quiere que su ministerio de discipulado haga.

Acción de ministerio 1
Asimilar a nuevos miembros a la vida de la iglesia.
A través de un ministerio eficaz de discipulado, las iglesias pueden ayudar a nuevos creyentes y otros miembros a ser parte de la vida de la iglesia. Este proceso de asimilación se lleva cabo de muchas maneras, y concretamente comienza antes de un compromiso de ser miembro de la iglesia. La clave para la asimilación es una integración que edifica relaciones y hace que los nuevos creyentes establezcan lazos con otros en la iglesia. (Ver p. 50.) A medida que las personas van estableciendo relaciones significativas, experimentan un crecimiento espiritual y participan en el ministerio, serán asimiladas a la vida de la iglesia.

Acción de ministerio 2
Guiar a los discípulos a crecer en la madurez espiritual.
Un ministerio de discipulado planificado, equilibrado, y efectivo, ofrece innumerables oportunidades de crecimiento espiritual. Las experiencias de discipulado que se concentran en la ética cristiana, la vida familiar, los dones espirituales, la capacitación para un estilo de vida cristiano, y doctrina bíblica, ayudan a los cristianos a desarrollarse espiritualmente. (Ver pp. 33-34.)

Acción de ministerio 3
Equipar a los discípulos para fortalecer las relaciones familiares.
El primer foro para el discipulado es el hogar. Muchas iglesias están enfocando sus experiencias de discipulado en ayudar a las familias a

fortalecer sus relaciones y enfrentar juntos las crisis con esperanza cristiana (Ver p. 32.)

Acción de ministerio 4
Equipar a los discípulos para el liderazgo y el ministerio.
El liderazgo y ministerio efectivo son importantes para una iglesia que está buscando llevar a cabo la Gran Comisión. Los siervos líderes usan sus dones espirituales para enseñar a las personas, coordinar ministerios, y equipar a otros para el ministerio. El ministerio de discipulado de una iglesia puede equipar a los cristianos para que sean líderes siervos fuertes y bíblicos. (Ver pp. 54, 60-62.)

Grupos de personas
Una manera de abordar la planificación de su ministerio de discipulado es identificando a los grupos de personas entre los miembros de su iglesia y su comunidad. Los grupos de personas representan categorías de individuos que comparten determinadas situaciones de vida con otros. Cada persona dentro de un grupo de personas es única, pero comparte muchas de las mismas necesidades que tienen otros dentro del grupo. Los grupos de personas más básicos son los *adultos, jóvenes, niños, y preescolares.*

Los matrimonios son otro ejemplo de grupos de personas. Todos los matrimonios tienen algunas de las mismas necesidades, como por ejemplo saber cómo comunicarse efectivamente en la pareja, aprender a honrar a Dios en su matrimonio, y saber cómo demostrarse uno a otro su amor. Por otra parte, debido a las diferencias en las edades de los matrimonios y el tiempo que llevan casados, las necesidades de algunos de ellos pueden ser diferentes de las necesidades de otros.

Existen dos tipos de grupos de personas: grupos de personas *internos*, y grupos de personas *externos*. Los grupos de personas internos son aquellos que están dentro de la iglesia, entre los cuales se incluyen a los miembros de la iglesia y sus familias, y los que asisten regularmente. Los grupos de personas externos están compuestos por personas en su comunidad que, aun cuando no pertenecen a su iglesia, son potencialmente alcanzables por algunas de las experiencias de discipulado que su iglesia podría ofrecer.

Tradicionalmente, los ministerios de discipulado han ministrado principalmente a los grupos de personas dentro de la iglesia. Pero las necesidades de discipulado y ministerio a las familias, gente que sufre, y otros, ahora pueden ser atendidas eficazmente a través de experiencias de discipulado. Por ejemplo, una iglesia en Indiana está alcanzando un número importante de niños de su barrio a través de clubes infantiles. Por su parte, una iglesia en Texas alcanza de manera seria y organizada a un importante número de no miembros, por medio de los numerosos grupos de apoyo que ofrecen.

Clubes infantiles, actividades juveniles de discipulado, cursos para padres, actividades para el fortalecimiento de matrimonios, y grupos de apoyo, son solamente algunas de las maneras en que las iglesias pueden ministrar a personas externas a la iglesia. Las iglesias que tienen un enfoque hacia fuera están constantemente procurando atender las necesidades de todas las personas.

Conocer a sus grupos de personas es una buena manera de afinar su enfoque. Su ministerio de discipulado no puede hacer todo para todos en todas las circunstancias, de modo que esto le ayudará a determinar dónde poner su tiempo y energías.

Grupos de personas *en* la iglesia que necesitan ser discipulados

Adultos
- Personas que cuidan ancianos, etc.
- Líderes de la iglesia
- Estudiantes universitarios
- Divorciados
- Embarazadas
- Abuelos
- Matrimonios
- Adultos de mediana edad
- Hombres
- Madres que trabajan
- Nuevos matrimonios
- Padres de escolares
- Padres de preescolares
- Padres de adolescentes
- Jubilados/retirados
- Adultos mayores
- Personas que trabajan de noche
- Adultos solteros
- Padres y madres solteros
- Madres amas de casa
- Adultos jóvenes
- Viudos/viudas
- Mujeres

Jóvenes
- Jóvenes que no estudian
- Intermedios
- Jóvenes preuniversitarios
- Adolescentes embarazadas
- Adolescentes
- Padres adolescentes

Niños/Preescolares
- Hijos de padres solteros
- Niños que quedan solos en su casa
- Escolares
- Preescolares mayores
- Preescolares

Multi generacionales
- Abusados
- Alcohólicos
- Golpeados
- Enlutados
- Familias mezcladas
- Hijos de padres divorciados
- Personas que dependen uno de otro
- Familias disfuncionales
- Familiares de afectados de SIDA
- Personas talentosas
- Minusválidos
- Sordos
- Personas confinadas a sus casas
- Desamparados
- Miembros de iglesia inactivos
- Inmigrantes ilegales
- Con problemas de aprendizaje
- Nuevos creyentes
- Nuevos miembros de iglesia
- No miembros que asisten
- Obesos/as
- Enfermos de SIDA
- Personas con dependencias
- Enfermos terminales
- Anoréxicos
- Desempleados
- Con problemas financieros
- Ciegos

Grupos de personas fuera de la iglesia que necesitan ser discipulados

Muchos de los grupos de personas identificados dentro de la iglesia son iguales que los grupos de personas externos a la iglesia. Otros grupos de personas incluyen a:
- Alejados de la iglesia
- Familiares de residentes en hogares para ancianos
- Miembros de pandillas
- Delincuentes juveniles
- Trabajadores migratorios
- Residentes en hogares para ancianos
- Personas en viviendas colectivas
- Encarcelados
- Trabajadores transitorios

Una vez que haya identificado sus grupos de personas, puede comenzar a pensar en necesidades específicas de discipulado dentro de cada grupo.

(3) Determinar necesidades.

¿Qué clases de necesidades de discipulado tienen los creyentes? Tranquilícese. Piense simplemente en usted. ¿Qué clase de necesidades tiene? ¿Necesita conocer y usar sus dones espirituales, desarrollar un andar más cerca de Dios, ser un padre que apoya más a sus hijos, o un cónyuge más dedicado? ¿Qué de su vida devocional; le vendría bien un estímulo?

Piense en sus propias necesidades, y luego multiplíquelas por cien para comenzar a entender el alcance de las necesidades de discipulado de los creyentes en la actualidad.

El año pasado, los adultos compraron millones de publicaciones de auto ayuda, asistieron a miles de talleres y seminarios de temas especiales, y buscaron la ayuda de todo un ejército de consejeros, psicólogos, etc. Los adultos podrán no siempre saber cómo suplir sus necesidades, pero sin duda son conscientes de cuáles son esas necesidades.

Esto ofrece a la iglesia una enorme oportunidad. Los adultos están buscando algo o alguien que los ayude a encontrarle sentido a sus vidas, encontrar un sentido de pertenencia, y aprender cómo hacer una contribución a sus familias y amigos. Específicamente, los creyentes necesitan:
- conocer y usar sus dones espirituales
- conocer y vivir en la práctica el plan de Dios para sus vidas
- poder compartir su fe con otros
- desarrollar una vida de oración y estudio bíblico disciplinados
- fortalecer sus relaciones con familiares y amigos
- participar en actividades de ministerio y servicio a otros
- participar en grupos de responsabilidad de rendición de cuentas
- construir familias cristianas sólidas (creyentes adultos)
- desarrollar capacidades para ser buenos padres (creyentes adultos)
- fortalecer relaciones con otros obreros cristianos (creyentes adultos)

Un ministerio de discipulado que apunta a los aspectos relacionados con el carácter, tiene el propósito de atender necesidades y temas que otros ministerios de la iglesia no hacen. Por lo tanto, puede ayudar a los creyentes a tratar con preocupaciones prácticas con las cuales se ven confrontados en la vida diaria. (Ver pp. 75-77).

Un ministerio de discipulado:
- enseña a los creyentes las disciplinas que pueden conducir a una vida en Cristo transformada espiritualmente.
- enseña a los creyentes cómo orar, meditar, adorar; y a practicar estas disciplinas diariamente.
- capacita a los creyentes para compartir su fe con personas no salvas y a ganar confianza al testificar de una manera regular.
- proporciona a los creyentes oportunidades de compañerismo, y de desarrollo de relaciones sólidas y duraderas con familiares, amigos y otros obreros cristianos.

- equipa a los creyentes para identificar sus dones espirituales, elegir un ministerio digno, y desempeñar el ministerio con compasión y preparados para ello.

Ahora que ha identificado los grupos de personas, a los cuales quiere ayudar, como asimismo algunas necesidades específicas de discipulado dentro de estos grupos, está en condiciones de considerar maneras de atender esas necesidades.

(4) Planificar y ofrecer experiencias de discipulado.
Las experiencias de discipulado son el corazón de un ministerio de discipulado. Las experiencias de discipulado son las acciones que las iglesias llevan a cabo para atender a las necesidades de discipulado de la gente. Algunos ejemplos incluirían: un estudio de *Mi experiencia con Dios* para adultos o jóvenes, un estudio de *El liderazgo de Jesús* para líderes, y *Team Kid* para niños o preescolares. Las experiencias de discipulado ayudan a las personas a dar pasos importantes hacia la madurez espiritual y el ministerio cristiano.

La mayoría de las experiencias de discipulado actuales son de tipo modular, lo cual significa que no responden a una determinada agenda semanal. Estas experiencias pueden ser igualmente eficaces para un domingo, lunes, o miércoles por la noche, o para un domingo o martes por la mañana. En cierto sentido, esto hace más fácil que nunca implementar un discipulado.

El desafío para los líderes de discipulado en la actualidad es el de planificar las experiencias de discipulado apropiadas para atender las necesidades de las personas, ayudar a transformar vidas, y permitir que la iglesia lleve a cabo su misión. ¡Es un desafío grande, pero vale la pena el esfuerzo!

Un ministerio de discipulado eficaz incluye un concepto *adaptable, planificado, flexible y permanente* de identificar y atender las necesidades de discipulado de su iglesia. Un plan integral para el discipulado de creyentes incluye: capacitación en el crecimiento espiritual, doctrina cristiana, ética, historia del cristianismo, el funcionamiento de la iglesia, y las capacidades para el ministerio. (Ver pp. 91-94.) Existen diversos conceptos para atender las necesidades. Los conceptos aplicados más a menudo en el discipulado de creyentes son:

- **Grupos permanentes** en los cuales el mismo grupo básico de personas se reúne de manera semanal.
- **Grupos de corto plazo** que estudian diversos temas. Las personas se integran a estos grupos solamente cuando se ofrece un determinado tema.
- **Grupos de apoyo** que se forman para ayudar a personas a tratar con necesidades personales o emocionales en un ambiente confidencial y de apoyo.
- **Estudio individual,** utilizado mayormente por personas que no pueden o no quieren participar en un grupo de estudio.
- **Retiros** que son especialmente apropiados para personas que quieren aprender mucho en un período breve.

(5) Persuadir a las personas a participar.

Ahora que usted tiene un plan, necesita líderes. Los que abogan por el discipulado resultan ser los líderes de discipulado más eficaces. Los que abogan por el discipulado:

- aman a Dios profundamente.
- están creciendo en su relación con Dios.
- quieren ver las vidas de otros transformadas.
- han recibido dones de Dios para el trabajo que hacen.
- son pacientes, amables, y no juzgan a las personas.
- están consagrados a dar lo mejor de sí.
- disfrutan de trabajar con personas.
- tienen una actitud positiva.
- son fáciles de enseñar y son flexibles.

Cómo reclutar líderes

Encontrar personas que abogan por el discipulado es todo un desafío. Confeccione una lista de personas que usted siente que podrían ser buenos líderes. Mientras va haciendo su lista, haga una cita para reunirse con cada persona. Evite asegurar el compromiso de una persona mientras ella se está sirviendo agua de la máquina enfriadora...

Tome tiempo para compartir la visión de la iglesia para el ministerio de discipulado. Explique lo que se espera de cada líder y si existe alguna descripción de las tareas para el cargo que le está pidiendo a la persona que ocupe. Sea abierto y honesto. Proporciónele un ejemplar del material que usará y asegúrele que se ofrecerán entrenamientos. Sugiérale que tomen tiempo para orar y fije una fecha para volver a reunirse y dar una respuesta.

La capacitación de líderes

Cuando usted ha reclutado a los mejores de entre los mejores, asegúrese de equiparlos para que puedan dar lo mejor de sí. No hay sustituto para líderes capacitados, competentes, y espiritualmente transformados. Las oportunidades para la capacitación de líderes incluyen: estudio individual, la guía personal de líderes experimentados, y cursos de capacitación ofrecidos por su iglesia, asociación, etc. Cada líder de iglesia necesita entender el concepto del líder siervo, tal como lo enseñó y practicó Jesús. *El liderazgo de Jesús, Cómo ser un líder servidor*, es un excelente estudio de cinco semanas que ayuda a las personas a ser verdaderos líderes siervos.

Existen tres cursos en vídeo para la capacitación de líderes, pero solo están disponibles en inglés: *Serving God: Discovering and Using Your Spiritual Gifts*, y *The 7 Laws of the Learner, Teaching with Style*. *Serving God* ayuda a los líderes a conocer y usar sus dones espirituales. *The 7 Laws of the Learner* ayuda a los maestros a mejorar su eficacia como comunicadores y a enseñar haciendo un impacto que cambia las vidas. *Teaching with Style* ofrece maneras de aportarle entusiasmo, creatividad y flexibilidad a la enseñanza.

El *Plan de Estudio de Crecimiento Cristiano* permite abordar de manera sistemática la formación de líderes que quieren aumentar su conocimiento y capacidades. Este Plan ofrece certificados para líderes de discipulado general y por grupos de edades. Los requisitos para el certificado pueden encontrarse en el *Catálogo del Plan de Estudio de Crecimiento Cristiano*.

Cómo promocionar experiencias de discipulado

Existen numerosas maneras de promocionar y dar publicidad a un ministerio de discipulado, pero ninguna es tan efectiva como los discípulos transformados. Las personas que experimentan cambios positivos en sus vidas a través de su ministerio de discipulado transformador son los mejores promotores que será posible encontrar. Sin embargo, la promoción y la publicidad siguen siendo importantes. Una publicidad eficaz reunirá las condiciones de las tres "C" cuando:

- Capta la atención de la gente
- Comunica valor, y
- Convence a las personas para participar.

Existen numerosos métodos para dar publicidad a experiencias de discipulado. Algunas son: anuncios verbales y escritos, boletines y folletos, catálogos, pósters, cartas y tarjetas, llamadas telefónicas, contactos personales, correo electrónico, y páginas Web en la Internet. Los programas de publicación *desktop* lo hacen muy fácil. No hace falta ser un genio con la computadora para producir folletos, boletines, y pósters sumamente atractivos.

Una iglesia en California produce un catálogo que describe las experiencias de discipulado que ofrece. Cada familia en la iglesia recibe una copia del catálogo junto con una expresión de aliento para participar. Una iglesia en Texas tiene su propio sitio Web en la Internet. Entre la información que ofrece hay una lista de ministerios patrocinados por la iglesia, incluyendo experiencias de discipulado. Un sitio Web es un lugar donde fácilmente puede ofrecerse una descripción de las experiencias de discipulado y las condiciones para inscribirse.

http://www.lifeway.com/spanish es un sitio del Internet que le ofrece el Departamento Multicultural de Liderazgo de la División de LifeWay Church Resources. Visítelo para obtener las últimas novedades disponibles de LifeWay en español para el ministerio de discipulado, estudios bíblicos, crecimiento de iglesias y familia. Si desea recibir nuestro boletín electrónico gratuito envíenos un email a Libroscristianos@lifeway.com

DISCIPULADO TRANSFORMADOR

CURSO NUMERO: L S - 0 2 1 8

Rev. 6-99

INFORMACIÓN DEL SOLICITANTE

NO. DEL SEGURO SOCIAL	NO. PERSONAL DEL PECC*	FECHA DE NACIMIENTO

NOMBRE: PRIMERO, SEGUNDO Y APELLIDO
☐ SR.   ☐ SRTA.
☐ SRA. ☐

DIRECCIÓN (CALLE, RUTA O NO. DEL APARTADO POSTAL)	CIUDAD, ESTADO	TELÉFONO	CÓDIGO POSTAL

INFORMACIÓN DE LA IGLESIA

NOMBRE DE LA IGLESIA

DIRECCIÓN (CALLE, RUTA, O NO. DEL APARTADO POSTAL)	CIUDAD, ESTADO	CÓDIGO POSTAL

SÓLO PARA SOLICITAR CAMBIOS

☐ ANTIGUO NOMBRE

☐ DIRECCIÓN ANTERIOR (CALLE, RUTA O NO. DEL APARTADO POSTAL)	CIUDAD, ESTADO	CÓDIGO POSTAL

☐ IGLESIA ANTERIOR	CIUDAD, ESTADO	CÓDIGO POSTAL

FIRMA DEL PASTOR, MAESTRO U OTRO LÍDER DE LA IGLESIA	FECHA

*Se pide que los nuevos solicitantes den su número del SS, pero no se requiere. Los participantes que ya han hecho estudios anteriores, por favor den su número del Plan de estudio de crecimiento cristiano (PECC) cuando estén usando el número del SS por primera vez. Después sólo se requerirá un número de identificación (ID).